小さなまちの
奇跡の図書館

猪谷千香 Igaya Chika

★——ちくまプリマー新書
419

目次 ＊ Contents

イラスト地図　たむらかずみ

プロローグ

図書館で箒を渡された浪人生

「人生が変わる図書館」は、一見、どこの町にもある普通の図書館のように見えた。しっかりとした体躯《たいく》に、日焼けした人懐っこい顔。浪人生だった今村大和《やまと》さんは二〇一〇年春、この図書館に通い始めた時、まさか自分の人生が変わるとは予想していなかった。当時一九歳。二年目の浪人生活に突入し、自分の将来がどうなるのか、不安を抱えていた時期だった。

この日も大和さんは、午前八時過ぎに図書館の前で母親の車から降ろされた。両親は共働きで、勤め先である市役所に午前八時一五分に出勤する。両親の車で、自宅から市役所までの道の途中にある図書館まで送ってもらうのが、この頃の大和さんのルーティンになっていた。

　ただ、時間が少し早い。図書館の扉が開くのは午前九時で、まだ小一時間はある。大和さんは図書館の裏庭にまわって駐輪場の縁石に座った。このまましばしの休息をとるつもりだ。昨日も夜中まで勉強していた大和さんは眠気に襲われ、ゆっくりと目を閉じた。

　ここは、鹿児島県指宿市《いぶすきし》。薩摩《さつま》半島の最南端にある人口四万人に満たない自治体だ。火山活動によって築かれた自然と、薩摩が海の玄関口である港を置いていた歴史が町のあちこちに残る。

　そんな指宿市にある指宿図書館に大和さんが通い始めたのは、鹿児島市の予備校の寮を出たことがきっかけだった。大和さんの実家は指宿市だが、高校時代は鹿児島市にある公立高校に進学した。高校野球の強豪校で、大和さんも寮で生活しながら三年間、野球に明け暮れる日々を送っていた。

　そろそろ将来の進路を真剣に考えなければいけなくなった大和さんは、祖父が養豚業

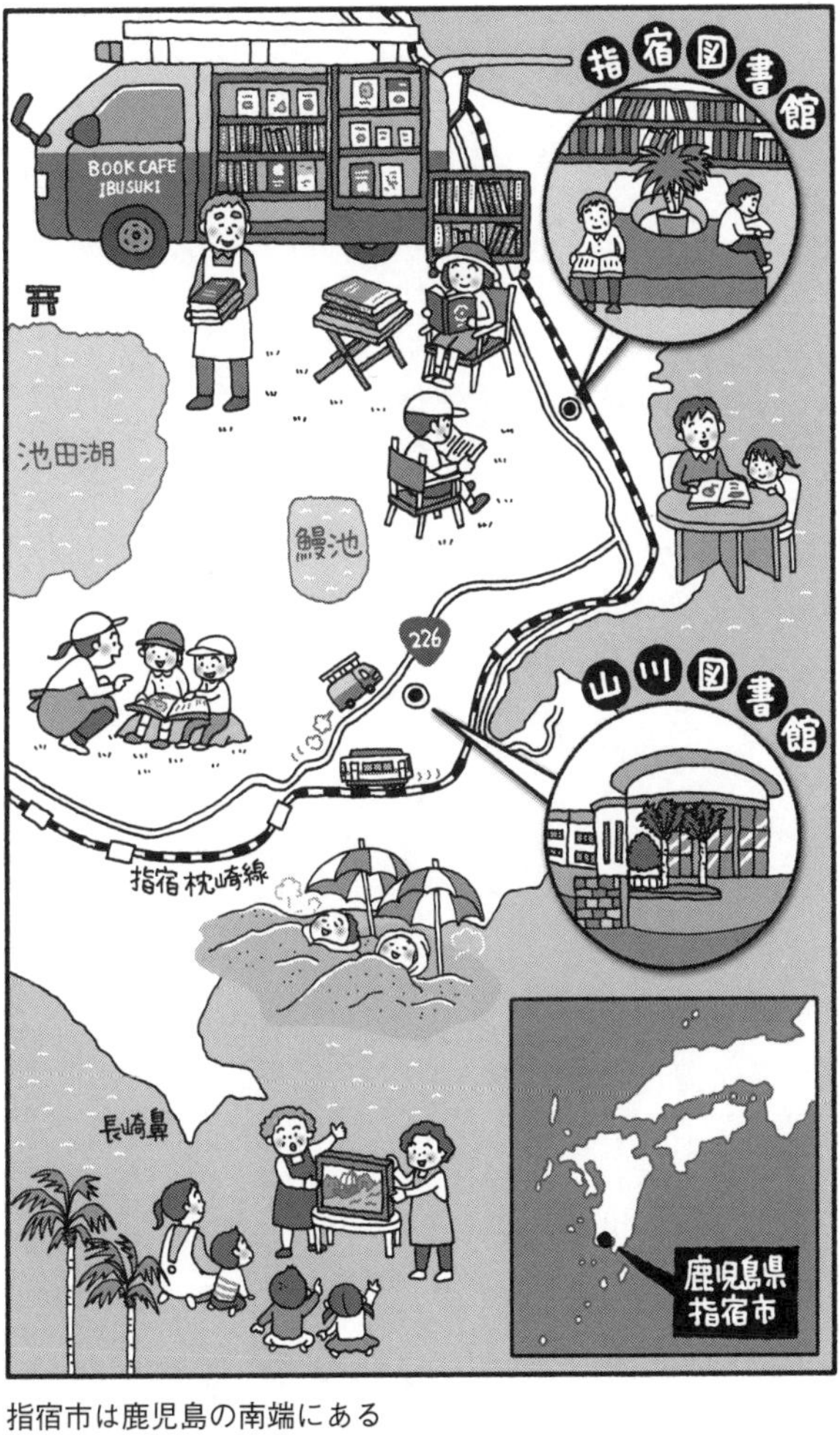

指宿市は鹿児島の南端にある

をしていたことから、獣医師になろうと思った。しかし、獣医学部を目指して大学受験をしたものの、現役では合格できなかった。そこで、浪人生活となり、二年目に鹿児島市から実家のある指宿市へと戻ってきたのだ。

浪人生にとって大切なのは、勉強を続けるためのモチベーションをどう保つかだ。実家は大和さんにとって、勉強に向いている場所ではなかった。つい、ダラダラしてしまう。

その時、気持ちを切り替えて静かに勉強できる場所として思いついたのが、指宿図書館だった。それまで、大和さんは指宿図書館を使ったことがなかったが、なぜか閃《ひらめ》いた。それから、ほぼ毎日、図書館に通うようになった。

開館前から駐輪場の縁石に座り込むようになってから、図書館側も大和さんの存在に気づいていた。ある日、大和さんは館長を名乗る女性に声をかけられた。世間話をするうちに、館長はニコニコしながらとんでもないことを言い出した。

「庭掃除を手伝ってくれない？」

大和さんは驚いたが、いつの間にか手には箒《ほうき》が渡されていた。他にやることもなかったので、落ち葉を掃いたり、ゴミを集めたりするようになった。もともと体を動かすのは好きだったし、気分転換にもなった。

そのうち、館長は箒だけでなく、剪定鋏《せんていばさみ》も渡してきた。大和さんはもう驚かなかった。図書館の敷地内には植栽がされている。剪定鋏を使ったことのなかった大和さんだったが、伸びてきた枝を切っているうちに、上手になっていった。

館長をはじめ、図書館の職員の人たちとも親しくなっていった。雨の日は、館内で床のモップがけを手伝った。友人には「なんでそんなことをしてるの?」と聞かれたが、「図書館の準職員だから」と答えた。そう思えるほど、図書館が自分の居場所になっていた。

開館時間までの不思議な日課は、その後、二年ほど続いた。

船乗りだったおじいさんに声をかけられ

いつものように、大和さんが図書館の二階にある学習室で勉強をしていると、見かけたことのあるおじいさんが大和さんを手招きして、こう言った。

「お茶、飲もうぜ」

一緒に階段を降りて、図書館の入口近くにある休憩所に行くと、もう一人のおじいさん、サコさんが待っていた。

二人のおじいさんたちは図書館の常連で、なぜか図書館の掃除をしている大和さんのことをずっと気にかけていたという。大和さんも二人が毎日、休憩所で休んでいるのを覚えていた。

無愛想なサコさんは、ちょっと怖い人に見えた。身構える大和さんに、サコさんは「ああ」と言って、近所のスーパーで一本六八円で買った缶コーヒーを手渡してきた。

「やる」という意味らしい。

不器用そうだが、悪い人ではないのかもしれない。大和さんはそう思った。

この日以来、おじいさんたちは毎日一〇時と一五時、決まった時間に大和さんを呼びに来て、「お茶」に誘った。家族以外とほとんど話していなかった大和さんは、誰かとコミュニケーションをとることが下手になっていたこともあり、もっぱら聞き役にまわった。

おじいさんの話に耳を傾けていると、段々とおじいさんたちがどんな人生を歩んできたのか、わかってきた。

若い頃、船乗りだったサコさんは、世界中を船で旅していた。一年のうち八カ月は海の上で暮らしていたという。

「アメリカで拳銃を買って、船の上で鳥を撃って遊んだけど、日本には持ち込めないから、神戸港に着く直前に拳銃は海に捨てた」

家と図書館を往復しているだけの浪人生である大和さんは、サコさんが語る海の向こうの「冒険譚《ぼうけんたん》」は初めて聞くことばかりで、惹《ひ》き込まれた。

大和さんは勉強がうまくいかないと、図書館を出て気晴らしに海を眺めていることがあった。そんな時は、サコさんの話を思い出し、大学に合格したら、いつかサコさんのように海外に行ってみようと自分を奮い立たせた。

大和さんは三回目の受験も残念ながらうまくいかなかった。四年目にもなると、さすがに気持ちが落ち込むことが増えていった。

そんな時、相変わらずおじいさんたちは図書館で大和さんをお茶に誘ってくれた。いつ勉強への緊張感が途切れてしまうかわからない浪人生活の中、おじいさんたちの話を聞くことは、息抜きになっただけでなく、大和さんの心の支えになっていた。

大和さんは三浪の末、志望する大学の獣医学部に合格できた。合格の知らせが届いた日は、真っ先に図書館に行き、おじいさんたちに報告した。

無愛想なおじいさんたちは、そんな日でも一言も話さなかったけれど、笑顔でうなずいてくれた。一緒に喜んでくれたことは、大和さんに十分、伝わっていた。もちろん、図書館の館長や職員たちも、泣きながら「おめでとう」「良かったね」と自分のことのように喜んでくれた。

大和さんは大学に入学後、サコさんのように海外へ渡ることにもチャレンジした。獣医学部では、のちに妻となる女性と知り合い、卒業後に結婚した。

ウエディングフォトは、思い出の詰まった図書館で撮影した。写真には、大和さんがいつも勉強していた席に座る、笑顔の大和さんと妻の女性が写っていた。

館長は、この席を「成就の椅子」と呼んでいる。大和さんをはじめ、これまで何人もの人がこの席に毎日座り、夢を成就させたから、願い事が叶《かな》う席なのだという。

そんな大和さんは今、家族で指宿に住み、牛専門の獣医として働いている。まだ幼い娘を連れて、たまに図書館に顔を出すのが楽しみだ。

図書館は「出会いの場」

大和さんの「物語」は、ここで一旦、閉じる。

大和さんは現在、三〇歳。もしも、一九歳の時に図書館に行こうと思いつかなかったら、今の人生はなかったと振り返る。

「もしも図書館がなかったら、違う人生の分岐を選んでいたと思います。獣医学部への進学はあきらめて、獣医にもなっていなかった。そうしたら、奥さんとも出会えてなかったし、子どもも生まれてなかったかもしれません」

人生で最も長くつらかった浪人生活を支え、獣医になる夢を後押ししてくれたのが、図書館だった。大和さんにとって、図書館はまさに人生を変えてくれた場所だ。

おじいさんたちにとっても、図書館は大切な場所だった。仕事をリタイアして、友人たちとお茶したり、のんびり本を読みたいという夢を叶《かな》えることができた。そんな図書館で、何かに悩んでいる様子の浪人生を見つけ、勉強の合間にとお茶に誘い、あれこれ話す。おじいさんたちは、人生の先輩として、広い世界を大和さんに伝えたかったのかもしれない。

そんな大和さんとおじいさんたちとの出会いを見守ってきたのが、指宿図書館館長の下吹越《しもひごし》かおるさんをはじめとする職員たちだ。

「大和が強面《こわもて》のおじいさんたちに初めてお茶に誘われた日は、ちょっとハラハラしました。でも様子をみていたら、おじいさんたちは毎日のように、大和をお茶に誘うようになり、ああ、また今日もお茶してるなと思うようになりました。その時のサコさんたちの顔はわたしたち図書館職員には見せたことのない楽し気な笑顔でした」

下吹越さんはそう振り返る。

自宅で孤独に浪人をしていた大和さんにとって、おじいさんたちは図書館に来なければ一生、出会うことのなかったかもしれない人たちだ。しかし、図書館は誰でも利用できる公共の場であり、一生、出会うことのなかったかもしれない人たちに出会える場でもある。

そして、そうした出会いがしばしば人生を変えてくれることを、私たちは経験的に知っている。

大和さんの物語を聞いた時、アントネッラ・アンニョリさんの著した『知の広場』(萱野《かやの》有美《ゆうみ》訳・みすず書房)を思い出していた。

アントネッラさんは、イタリアで数々の図書館を立ち上げ、館長も歴任した図書館のプロである。しかし、アントネッラさんは図書館の現状を憂えていた。

近年、インターネットで簡単に誰もが知りたいことを検索できるようになり、図書館を必要と考えない人たちが増えている。

また、アントネッラさんはいくつかの学説を紐解《ひもと》きながら、かつては広場や公園、教会などが、多様な人々が出会い情報交換して、意思形成をはかる共生の場として機能していたが、現代においては公共空間の商業化が進み、その機能が失われていることを指摘する。

その上で、こうも述べている。

「公共図書館とは、町と分かちがたく結びついた機関である。これまでの図書館、そしてこれからの図書館のあり方は、都市空間、つまり教会、市場、広場のような『出会いの場』と深く関わっている」

「図書館は、公共の場としての危機から逃れることはできない。もし逃れたいのなら、新たな取り組みを推し進めねばならない。つまり、出会いの場へと、大人から子ども、裕福な人から貧しい人、ジプシー（原文ママ）から枢機卿《すうききょう》までに利用される、〝屋根のある広場〟へと生まれ変わるのである」

こうした図書館を取り巻く状況は、イタリアだけでなく、世界各地で同時に起きていることだとアントネッラさんは言う。もちろん、日本も例外ではない。全国の多くの図書館は今、決して理想的な状態とは言えない。

都市部の一極集中や少子高齢化で人口減少と財政難に苦しむ地方自治体は、図書館の予算を削り、本を減らし、司書を減らす。最悪の場合は、過疎地にある老朽化した図書館は閉館を余儀なくされる。

若い世代ほどインターネットを利用する。スマホでGoogleにアクセスして検索すれば、的確かどうかはわからないけれども、なんらかの情報は入手できる。わざわざ図書館に足を運んで、書架から本を探してページをめくることを無駄に感じてしまう。

そうした時、地域の図書館は魅力を失い、利用者も減っていく。負のスパイラルに陥ってしまうのだ。

指宿図書館も以前は、そんな全国にある魅力に乏しい図書館の一つだった。しかし、二〇〇六年に下吹越館長らが立ち上げたＮＰＯ法人本と人とをつなぐ「そらまめの会」が運営を任されるようになると、アントネッラさんがいう「屋根のある広場」へと図書館は変わった。

この本では、指宿市の図書館がどう変わっていったのか。その物語を紡いでみたい。

第一章　図書館界の憧れ、ライブラリー・オブ・ザ・イヤー

二〇二一年一一月二六日、指宿《いぶすき》市立図書館を運営するNPO法人「そらまめの会」の理事四人は、指宿図書館の一室に集まり、パソコンのモニターを固唾《かたず》を飲んで見守っていた。

モニターに映し出されていたのは、「ライブラリー・オブ・ザ・イヤー（LoY）」の最終選考会。先進的な図書館活動を行っている機関に対して贈られる賞で、図書館界では毎年、注目を集めるイベントである。中には、この賞をとることを目指す図書館もあるほど、図書館界の憧れでもある。

最終選考会は、LoYの最高賞である「大賞」が決まる場でもあった。例年であれば、横浜市のパシフィコ横浜の大きな会場で開催されているはずだったが、この年は新型コロナウイルスの感染拡大防止のため、オンラインでの審査となった。

この最終選考会にたどりつくまで、審査対象となった機関は何度も厳しい目でチェックされ、ふるいにかけられる。

二〇二一年のＬｏＹではまず、全国各地から推薦を受けた二八機関が審査の対象とされた。このうち、審査員による投票が行われ、第一次選考を通過したのは一一機関。これらの機関には、全国でよく知られた著名な図書館や施設も名を連ねていた。

たとえば、世界的な建築家、伊東豊雄《いとうとよお》さんが手がけた建築が目を惹《ひ》く「みんなの森 ぎふメディアコスモス」。岐阜市の複合施設で、岐阜市立中央図書館のほかに多目的ホールや市民ギャラリーなどを備える。

特に図書館は、小さな子どもが寝転んで本を読めるスペースや、中高生専用の閲覧席などが若い世代に人気で、ぎふメディアコスモスが開館する以前の市立図書館よりも、四〇代以下の利用者が増えた。

他にも、青森県八戸市《はちのへし》が手がける公設書店という異例の取り組みが注目を集めている「八戸ブックセンター」。利用者からのユニークな問い合わせをまとめた本『一〇〇万回

死んだねこ　覚え違いタイトル集』（福井県立図書館編著・講談社）で話題となった「福井県立図書館・文書館・ふるさと文学館」。健康をテーマにした独自の図書館づくりを行っている複合施設「大和市《やまとし》文化創造拠点シリウス」（神奈川県）。いずれも、全国メディアで度々登場する新しい図書館や取り組みが、第二次選考へと進んだ。

図書館界の綺羅星《きらぼし》が並ぶ中、指宿市立図書館とその運営を担う「そらまめの会」が含まれていた。指宿市立図書館とは、市内にある二つの図書館「指宿図書館」と「山川図書館」の二館を指す。

これら二つの図書館は、世界的な建築家が設計した建物でもなく、何かのテーマに特化したり、自治体を挙げて取り組んだ新しいスキームから生まれたわけではない。それにもかかわらず、指宿市立図書館とそらまめの会は高い評価を受け、快進撃を続けた。

第一次選考で選ばれた一一機関は、二〇二一年九月、第二次選考会を迎える。ここでさらに、「優秀賞」を受賞する四機関が選ばれた。結果は、兵庫県明石市《あかしし》の「あかし市民図書館」、「福井県立図書館・文書館・ふるさと文学館」、「三重県立津高等学校図書館」。そして、「指宿市立図書館および『そらまめの会』」だ。

これら四機関は、次のステージである最終選考会へ向かうことになった。

館長が「まじか」と言った瞬間

それまでは主に資料による審査だったが、最終選考会では各機関のプレゼンテーションが行われる。つまり、スライドや動画による紹介である。

オンラインで多くの関係者や視聴者が見守る中、指宿市立図書館と「そらまめの会」の動画が流れた。

五分三四秒の動画は、図書館の利用者や、図書館を支えてきた人たちのインタビューが大部分を占めていた。他の機関が、自分たちの活動を紹介している中、異例の動画だった。

いつも図書館を利用してくれている吉元さん一家。家族全員が自宅にいるように本を読みながら、館内でくつろいでいる姿が映し出された。

昔からの図書館ユーザーという木之下三美《きのしたみつみ》さんは、「スタッフの方たちがすごく時間とエネルギーをかけて、いろんなイベントとかもがんばってくださってて。気が付くところが細やかで、センスが良いっていうか。だから昔に比べてずいぶん図書館がおしゃれになったなっていうのを感じます」と熱心に話す。

地域おこしを手伝う今村俊一《しゅんいち》さんは、「もともと私は本が苦手で、今でもほとんど図書館の方は利用していません」と言いつつも、「そういう私でも、図書館がやっている活動みたいなのにはすごく惹《ひ》かれて、図書館の方々といろんなそういう夢を語ったりするのが楽しくて」とうれしそうだ。

小学三年生の男の子は、「僕が本が決まらなくて困っているときに、僕にぴったりの本をおすすめしてくれるところです」と図書館をほめる。

気づけば動画は終わっていて、とにかく指宿の人たちは図書館が大好き、ということが伝わった。

優秀賞を受賞した四機関のプレゼンテーションが終わると、審査員が感想を述べる。

ある審査員はこんなふうに、指宿市立図書館とそらまめの会について話していた。

「市民の方がたくさんほめていらっしゃって、図書館のことだけど、自分の家族をほめているようなあたたかい気持ちが伝わってきました。市民の方との距離が近いのが伝わってきて、それが長く続いているのがいいなと思いました」

大賞の発表は、最終選考会の最後に行われる。「大賞はうちじゃなくて、他のところだろうね」と口々に言いながら、指宿図書館でモニターを見つめていた四人。アナウンスされたのは、予想もしていなかった館名だった。

「大賞受賞機関は、指宿市立図書館に決定いたしました。おめでとうございます」

その瞬間、指宿図書館館長で、そらまめの会の代表理事を務める下吹越《しもひごし》さんが思わず「まじか」とつぶやいたのを、他の理事たちはしっかりと聞いていた。

ＬｏＹは二〇〇六年から始まり、一五年の歴史を持つが、関門海峡を渡り、九州の図書館が大賞を受賞したのは初めてのことだった。その場にいたそらまめの会のメンバーは沸いた。

LoYの賞状とトロフィーを持つ「そらまめの会」理事たち。（下吹越さんは右端）

翌日、鹿児島県の地方紙「南日本新聞」や全国紙で、九州初の快挙が報じられると、「見たよ、この記事。あんたたちだよ」といって記事の切り抜きを手にした利用者たちが指宿図書館や山川図書館を訪ねてきた。「私たちですー」とそらまめの会のメンバーは笑って答えた。

「こんな風に書いてもらえるとは、名誉なことじゃ！と。あんたたちは、すごかねーー！　図書館は、まちの宝だけど、あんたたちが宝じゃいが！　体には気をつけなさいよ」

いつも利用してくれている高齢男性が、そう言って労《ねぎら》ってくれた。指宿の人たちも、自分たちの町の図書館の快挙を大喜びしていた。

「大賞をとったことも嬉《うれ》しかったですが、利用者の皆さんが本当に喜んでくれたのが嬉しかったです」

山川図書館の館長で、そらまめの会理事の久川文乃《ひさかわあやの》さんは振り返る。

市民の人たちは、自分たちの図書館がなんかすごい賞をとったと喜んでいた。そらまめの会のメンバーは、それをみて大賞受賞の喜びを噛《か》み締めた。

図書館に指定管理者制度導入

「ありがとうございます。大変、驚いております。この賞は、私たちにとって別世界のことであり、異次元のまったく縁のない賞だと思っていました。

いち市民でいちユーザーに過ぎなかった素人の私たちが、図書館運営に手を挙げて一五年の節目になりました。そして、一五年というこの年にこのような賞をいただけたことで、私たちが過ごしてきた一年、一年には、とても大きな意味があったんだなと思いました」

お祝いが寄せられた指宿図書館

お祝いコーナーは山川図書館にも

最終選考会で大賞受賞の感想を求められ、下吹越さんはこう語った。下吹越さんは「いち市民」「素人」だったと明かしているが、その後一五年にわたり、図書館と真剣に向き合ってきた活動が実を結んだといえよう。

ＬｏＹの公式サイトでは、指宿図書館とそらまめの会が大賞に選ばれた理由を次のように説明している。

「さまざまな立場にいる市民の声を集めたプレゼンをされていたのが印象的で、長年にわたる活動の蓄積にも説得力を感じさせてくれました。授賞理由でも市民とともに歩み・学ぶ姿勢を強調しているように、『市民ＮＰＯによる指定管理の持続モデル』を示した点は、これからの図書館を考える上で参考になるところがありました」（選考委員長の岡野裕行《ひろゆき》さん）

「指定管理」とは、指定管理者制度のことだ。

この制度は、二〇〇三年に地方自治法が一部改正されて、営利企業やＮＰＯ法人なども公共施設の運営委託ができるようになったもの。つまり、それまでは、自治体や自治体が出資する法人に限られていた運営が、民間でもできるようになった。その目的は、多様化する住民のニーズに対応して、民間事業者が持つノウハウを活用することで、住民サービスの質向上をはかるものとされている。

指定管理者制度が導入されている有名な図書館といえば、TSUTAYAなどを展開するカルチュア・コンビニエンス・クラブ（CCC）が手がける武雄市《たけおし》図書館（佐賀県）が思い出される。

武雄市図書館は、二〇一三年にCCCが指定管理者となってリニューアルオープンした。スターバックスコーヒーや蔦屋《つたや》書店が併設された図書館のあり方は、メディアに度々登場し、賛否両論を呼んで話題となった。

また、千代田区立千代田図書館も指定管理者が二〇〇七年に導入され、リニューアルオープンした図書館だ。日本でも有数のオフィス街、千代田区の図書館らしく、ビジネスパーソン向けのサービスに特化しており、注目を集めてきた。

いいことずくめのような指定管理者制度だが、一方で制度の施行時から、図書館界の反発も強かった。委託期間がおおよそ三年から五年単位で短く、長期的な計画のもとに運営される図書館にはなじまないという指摘や、自治体がコストカットのためだけに導入し、図書館員の雇用環境が悪化するなど、本来の制度の趣旨とは外れるという批判だ。

しかし、指定管理者制度を導入する図書館は年々、増えている。日本図書館協会の調査によると、二〇一九年度までに指定管理者制度を導入した図書館数は六〇六館。全国の図書館数は約三三〇〇館といわれているので、いかに多いかがわかる。

では、どのような事業者が指定管理者を担っているのかといえば、六〇六館のうち、四八三館が民間企業だった。そらまめの会のようなNPO法人は四二館と一割に満たない。

一般的にNPO法人は予算の確保などが難しく、継続的に運営することは困難をともなう。実際、自治体からの委託費では採算が取れないため、図書館の指定管理者だったNPO法人が図書館業務から撤退した事例もある。

そうした中、そらまめの会は、NPO法人としても初めて、LoYの大賞を受賞した。そらまめの会は、どのように指宿市立図書館を運営してきたのだろうか。

魅力を失っていた指宿図書館

そらまめの会が誕生したのは、下吹越さんはじめ、創設に関わった理事たちにとっても、まったく予想していなかったことだった。

発端は、指宿市が指宿図書館と山川図書館に、指定管理者制度を導入する方針を発表した二〇〇六年六月にさかのぼる。その年の一月、旧指宿市と山川町、開聞《かいもん》町の一市二町が合併し、新たな指宿市としてスタートを切っていた。

当時の指宿図書館は電算化されておらず、二〇〇五年に移動図書館車も廃止され、図書館はどんどん魅力を失っていた。

今は指宿図書館の館長を務める下吹越さんですら、本を探して欲しいと言っても「そこになかもんはなかとよ（そこに無いものは、無いのよ）」と受け合ってもらえず、相互貸借をしてもらおうとしても、「出来る人がいる時に来て」と言われたり、プライベートなことまでカウンターで聞かれたりして、できればあまり行きたくない図書館だった。

電算化されていないから、自宅からパソコンで蔵書を検索することはできない。五冊借りたら、まとめて返さなければ、次の本を借りられない。電話で、貸出期間の延長の受付もできなかった。

そうした中、保育士だった下吹越さんに声をかけた指宿図書館の司書の女性がいた。下吹越さんは初めて会う人だった。司書の女性は下吹越さんの自宅を訪ね、「なんとかして、図書館をよくしたい。下吹越さんの力を貸してくれませんか」と言ってきた。

その熱意に背中を押された下吹越さんは、地域や図書館で活動していたおはなし会のネットワークを活《い》かして、ボランティアグループを立ち上げた。二〇〇五年、NPO法人になる以前のそらまめの会である。

そらまめの会は図書館のイベントやおはなし会などを積極的に行い、十数年間変わることのなかった壁面のディスプレーも毎月取り替えた。図書館の劇的な変化は市民に好評で、来館者数も増えつつあった。

その矢先、指定管理者制度の導入が発表された。ニュースを聞いた下吹越さんたちは驚いた。図書館職員や図書館を支えていた人たちからは、そらまめの会に図書館運営に乗り出して欲しいという声が上がったが、当時の下吹越さんは保育士。他のメンバーも学校司書などで、誰も公立図書館を運営した経験がなかった。

「どうしよう、このままでは、私たちの町の文化や歴史も知らない、まちに対する思いもない企業が私たちの図書館を運営してしまう」

もしも指定管理者制度が導入されれば、図書館業務の経験や人材も豊富な民間企業が請け負うことは目に見えていた。指宿市に縁もゆかりもない人たちの手によって、慣れ親しんだ図書館が変わってしまうことに対する不安が膨れ上がった。

NPO法人設立に奔走

そらまめの会のメンバーは悩みに悩んだ。議論を重ね、たどりついた結論は、「自分たちがNPO法人となって、図書館を運営してみよう。この町の図書館を大切に思う人たちと一緒に図書館をつくっていきたい」という思いだった。

下吹越さんはその時のことをこう振り返る。

「他のまちのどこかの企業が来て通り一遍の図書館運営をするのであれば、このまちの図書館を大切に思う人たちと運営出来たらとNPO法人を設立し運営する道にかけてみようと思いました」

なぜ、NPO法人の道を選んだのか。

「公立図書館は図書館法第一七条の図書館無料の原則により、入館料その他図書館資料の利用に対するいかなる対価も徴収することができません。会社組織では収益を利益に還元して事業を成長させることが使命となりますが、そのためには経費削減が必須となります。私たちは、市から支払われる指定管理費を図書館運営にすべて投入したいと考えました。非営利組織として、このまちのために、未来を担っていく子どもたちのために自分たちができることがあるなら、そこにかけてみたいと思ったのです。図書館は無料で使えるという原則がありますが、NPOも無償が基本です。その類似性も感じていました」

覚悟を決めたその日から、そらまめの会の苦難は始まった。

そらまめの会のメンバーにとって、公立図書館運営は初めてのことだ。しかし、時間は待ってくれない。

指定管理者制度導入が発表されてから四カ月後の一〇月末には、指定管理者の応募が締め切られる。そらまめの会のメンバーは、NPO法人の設立について相談に乗ってくれる「かごしま県民交流センター」に通い、認可のための書類を揃《そろ》えていった。

仕事帰り、毎晩のように下吹越さんの家に集まり、定款や規約を練り上げた。当時、下吹越さんには大学受験と高校受験を控えた子どもたちがいた。家事と受験生の世話、仕事をこなした上での作業。眠れない夜もあった。

また、下吹越さんは八月に勤め先の保育園を休み、司書教諭資格を取得するために鹿児島大学に通学した。指定管理者の募集要項には、「職員の半数に司書資格」が必要だったからだ。

そらまめの会にNPO法人の認可が下りたのは、もう一〇月に入ってからのことだった。ぎりぎりの綱渡りで、月末の締め切りに間に合い、指定管理者の候補として名乗りを上げることができた。その時には、メンバー全員が司書かあるいは、司書教諭の資格を持っていた。

しかし、安心はできなかった。他にも民間企業四社が応募していたのだ。それでも、地元の市民による図書館運営に期待をかける議員は少なくなかった。市の文教委員会、指定管理者選定委員会を経て、二〇〇六年一二月の市議会で採決が取られた。

「異議のない方は、ご起立ください」

ガタガタっと大多数の議員が立つ椅子の音を聞きながら、下吹越さんは傍聴席で、「私たちが図書館を運営するんだ……」とぼんやり見ていたという。見事、そらまめの会は指定管理者に内定したが、その重責が一気に現実味を帯びてきた瞬間だった。

「ぼっけもん」なんだよね

そらまめの会理事で、現在、山川図書館の館長を務める久川文乃さんに、「なぜ自ら、図書館運営をしようと思ったのか」と、訊《たず》ねてみた。

久川さんはもともと、指宿市内の小学校で学校司書として九年間、働いていた。そのまま、学校司書として働き続けることもできたはずだ。

「まだ当時、二〇代だったこともありますが、自分が動くことで図書館が変わるかなと思いました」

学校司書として、指宿市立図書館を利用していた久川さん。学校の学習支援で、学校図書館にはない資料を探すことが多かった。ところが、指宿図書館は先ほど述べたように、電算化されていなかった。

「探している資料がうまく見つからないことがありました。職員の方に聞いても、自分で探してくださいと言われてしまって……」

そこで、ボランティアグループのそらまめの会に参加し、指宿市立図書館が少しでも使いやすくなるよう、手伝いをするようになっていた。

「自分だけでなく、他の学校司書さんも同じ悩みを抱えていました。自分たちの悩みを解決するとともに、公共図書館と学校図書館との橋渡し役やサポートができないかと考えて、NPO法人として図書館を運営していこうと思いました。また、当時の図書館司書の方に、小学校の子どもたちのためだけでなく、広く指宿市民の子どもたちのためにがんばって欲しい、と言われたことも大きな勇気になりました」

また、指宿図書館が市直営の時代から働いているという理事の岡野久子《おかのひさこ》さんは、「NPOがどういうものかよくわかっていませんでした。気軽に足を踏み入れてしまって……」と笑う。

パートタイムの職員として働いていたら、指定管理者制度が導入されるという話になった。青天の霹靂《せいてんのへきれき》だったが、下吹越さんたちに「どうですか?」と声をかけられ、参加することに。

「もともと、図書館で働けるならどういう形態でもいいかなと思っていました。ただ、パートタイムだった時はそこまで複雑な仕事ではありませんでしたが、NPO法人で運営していくとなると、管理の仕事も含まれますので大変ではありました」

そういう岡野さんは現在、指宿図書館の副館長の務めを果たしている。同じく理事で、鹿児島県の離島、徳之島で高校図書館司書として四年働いていた経歴を持つ徳留絵里《とくどめえり》さんは、現在、山川図書館の副館長だ。

「もともと学校図書館は任期が決まっていたところ、指定管理者はどうですか、というお話をいただきました。学校図書館は横のつながりもなく、研修も充実していないので、あまり将来に期待をいだけなかったので、そらまめの会によってどんなふうに公共図書館が変わるのか、すごくわくわくした覚えがあります」

楽しそうなイメージを持っていたが、「実際に蓋を開けてみたら大変でした」とやはり笑う。

保育士だった下吹越さんは、保育園を辞める日になっても、もう保育園には行けなくなることを子どもたちに言えなかった。下吹越さんはお昼寝中の子どもたちをなでてお別れをした。帰りの車の中で涙があふれた。「私の選択は間違っていないか。自分を責めました」とふりかえる。

そらまめの会の理事四人が図書館にかける思いはそれぞれだが、異口同音でこういうのだ。

「結局、ぼっけもんなんだよね。苦労するのよさ」

ぼっけもんとは、鹿児島の言葉だ。どういう意味なのか尋ねると、岡野さんがさっそく書架から辞書を持ってきて、引いてくれた。

「粗野、大胆にして楽天的で天真爛漫《てんしんらんまん》な者」（『鹿児島方言大辞典　下巻』橋口満・高城書房）

下吹越さんが言葉を継いだ。

「もう後には引けませんでした。図書館の運営をしないという道はない。誰かがやらなければならない道だった。人生賭けるしかない。だから、ぼっけもん」

指定管理者に内定してから、二〇〇七年四月に図書館運営をスタートさせるまで、そらまめの会のメンバーの慌ただしい日が続いた。

第二章　新しい図書館が始まった

南国、指宿の図書館

指宿市《いぶすきし》は、薩摩《さつま》半島の南東端に位置する自治体だ。年間の平均気温は一八度という温暖な亜熱帯的気候。ハイビスカスの花が咲き乱れ、熱帯の蝶《ちょう》であるツマベニチョウがそこかしこで遊ぶ。そのため「東洋のハワイ」ともいわれ、指宿市では毎年四月に「アロハ宣言」をして、一〇月まで市職員や銀行員、郵便局員、駅員、観光協会の人たち、そして図書館員までもアロハシャツを着る。

指宿の歴史は古く、鹿児島県の公式ホームページでは、市名の由来をこう説明する。

「市名では指宿、郡名では揖宿《いぶすき》と書く。『和名抄《わみょうしょう》』には、「以夫須岐《いふすき》」と表記してあるが、世界的にも珍しい砂むし温泉など温泉行楽地として有名なこの地のことを、古来より人々は「湯豊宿《ゆほすき》」つまり、湯の豊かな宿と呼んでいたという」

指宿市は現在でも温泉で知られる。海岸から湧き出る温泉の熱で温められた砂に体を包む「砂むし温泉」は、世界的にも珍しい。私小説「死の棘《とげ》」で知られる作家、島尾敏雄（一九一七〜八六）が指宿に湯治のために滞在していたこともあったという。

古来より湯が豊かだった指宿は「火山銀座」とも呼ばれ、活発な火山活動の痕跡があちこちにみられる。たとえば、指宿市中央部に位置する「池田湖」は、約五七〇〇年前の噴火活動によって誕生したカルデラ湖だ。

指宿を訪れたことがある民俗学者、柳田國男《くにお》は、『日本の伝説』（新潮文庫）で池田湖の伝説を紹介している。

「九州の南の端、薩摩の開聞岳《かいもんだけ》の麓には、池田という美しい火山湖があります。ほんの僅な陸地によって海と隔てられ、小高い所に立てば、海と湖水とを一度に眺めることも出来るくらいですが、大洋と比べられることを、池田の神は非常にきらいました。そうして湖水の近くに来て、海の話や、舟の話をする者があると、すぐに大風、高浪《たかなみ》がたっ

指宿図書館外観

山川図書館外観

て、物すごい景色になったということであります」（「青空文庫」より抜粋）

そんな南国の自然と歴史を持つ指宿市には、指宿図書館と山川図書館という二つの図書館がある。まず、中央館の役割を担う指宿図書館の紹介をしよう。

指宿図書館に行くには、ＪＲ指宿駅を降りる。やがて指宿の風景にもなっているヤシの並木道が見えてくるので、そこからまた数分程度歩くと到着する。

指宿市では、人気ポケモンの「イーブイ」と市名の語呂が似ていることから、イーブイを「指宿市スポーツ・文化交流大使」に任命。イーブイやその進化系であるポケモンのマンホールを市内の観光施設近くなどに設置している。指宿図書館もその一つで、建物前の歩道には、「ニンフィア」のマンホールが設置されており、ポケモン目当ての観光客も訪れるという。

指宿図書館の建物は一九八四年建築と、決して新しいわけではない。今各地で人気のあるような、カフェやギャラリーなどが入った複合施設タイプの図書館でもない。

蔵書数は約九万冊、年間貸出数は約一二万冊（令和三年度）、年間来館者数は約三万五

〇〇〇人（同）と、鹿児島県内の他の自治体の図書館と比べても、「普通の図書館」だ。

こうしたデータだけでは、なぜＬｏＹで大賞を受賞したのかと不思議に思うかもしれない。「普通の図書館」を、日本で最も注目を集める図書館にしたのは、ひとえにそらまめの会が一歩一歩進めてきた一五年という歩みだ。その道のりは、決して平坦《へいたん》ではなかった。

手探りで始まった図書館運営

泣いても笑っても、時間は待ってくれない。

いよいよ二〇〇七年四月一日、そらまめの会による図書館運営がスタートしようとしていた。その前日のこと。下吹越《しもひごし》さんは、指宿図書館に向かった。職員から施設の引き継ぎを受けるためだ。

ぽん、と手に渡されたのは、図書館の鍵一つ。軽いはずの鍵が、重く感じた。明日の朝からこの鍵で図書館を開けるのは、そらまめの会である。その責任の重さだった。

鍵を受け取って図書館をあとにする時、思わず下吹越さんは振り返った。慣れ親しんできた図書館が、やけに大きく見えた。

「明日から私たちは本当に図書館を運営できるのか、心配だらけでした。不安で胸が押しつぶされそうでした」

下吹越さんは図書館を引き継いだ日のことを、昨日のことのように思い出す。

その心配も無理はない。担当の市職員は四月一日から全員別の部署に異動してしまい、新しい市職員の図書館配置はなかった。担当課は社会教育係ではなく、文化財係で、図書館の運営について聞ける人は誰もいなかった。指定管理者に移行する際、スムーズに行うために、前任の自治体職員が残ったり、自治体職員が派遣されたりすることは決して珍しくないが、新たな指宿市立図書館は、そらまめの会のメンバーだけでスタートしなければならなかった。暗闇の中を手探りで歩くようなものだった。

そうして迎えた二〇〇七年四月一日。そらまめの会が任されたのは、二〇〇九年までの三年間だ。

電気業者一社にしても、自分たちだけで入札をかけて決め、契約を結ばなくてはならない。税金はどう計算するのか、保険料はどう処理するのか。備品はどう扱うのか、施設はどう管理するのか。わからないことだらけだった。

それまで使用していたパソコン、プリンター、コピー機は回収された。電話番号に変更はなかったが、二、三日以内の名義変更を求められた。こうした移行のための手続きや作業は、利用者のサービスを滞りなく行うため、できる限り短期間に済ませなければならなかった。

業務の引き継ぎは、パソコンの中に残されたファイルが頼りだったが、それにも限界があった。わからないことがある度に、前任の職員に電話で聞いて確認した。

そうして始まった最初の一年は、失敗しないようにおそるおそる仕事をした。特に気を配ったのが、経費だった。二つの図書館の運営に、どれだけのお金が実際にかかるのか予想がつかない。そもそも、貸借対照表（バランスシート）の見方すらわからなかった。

そんな時、そらまめの会を助けてくれたのが、地元の人たちだった。

当時の指宿市商工会議所会頭で、会計事務所の所長でもあった男性は、「君たちはNPOでお金もないんでしょう？　経理担当者もいないんでしょう？　君たちには経営スキルはないのだから、一年目は無償でサポートしよう。でも、二年目からは予算を立てて支払えるようにしなさい。自分たちで二年目からはちゃんと考えてやれるようにしなさいよ」と言って、会計の事務を一から教えてくれた。

LoYの最終選考のための動画にも、所長は登場している。一五年前、つまりそらまめの会の一年目を思い出しながら、「本当にやっていけるんだろうかって思いました。失礼ですけど」と振り返る。

それを聞いた下吹越さんが思わず、「いや、私たちも思いました。まあこんなに続くとは思わなかったですよね」と正直な気持ちを吐露すると、所長は笑顔でこう言うのだ。

「それはやっぱりあなたたちの頑張りよ」

一五年間、ずっと見守ってくれていた人の言葉である。

あふれる本、天井から雨漏り

さて、模索しながらの運営を始めたそらまめの会だったが、新たに始めたことがあった。図書館内の清掃と修繕だ。それまでの図書館は、薄暗い雰囲気で旧態依然としていた。

まず、館内外の隅々まで掃除をして、磨き上げた。ほこりが積もっていた照明器具のカバーも外して、電球の中には、アルミ箔《はく》を敷いて、照度を上げる工夫もした。

書架にも手を入れた。一般的な地域の図書館では、「除籍」という作業を行う。法律が改正されて、情報が古くなってしまった法律書など、利用者にとって不適切になってしまった本が対象で、図書館の蔵書を適切な状態に保つために行われる。

ところが、市直営時代の指宿図書館では、この除籍の作業が十分ではなかったため、新しく入った本とのバランスが取れず、本があふれていた。あふれた本を収納するために、書架の上にもあとから棚が設置され、大きな窓から入るはずの光を遮っていたのだ。

そこで、破れたり、汚れたりした本、情報が古くなってしまった本などを丁寧に取り除いていった。すると館内全体に光が行き渡るようになった。

雨が降ったら、今度は天井から水が漏れて落ちてきた。雨漏りは一カ所や二カ所だけではない。市と協議し、予算をとって修繕して、破損していた壁もきれいにした。

三年目からは、修繕だけでなくリフォームも始めた。まず、古くなっていた冷水機を新しいものに替え、汚れていた周囲の壁もきれいに直した。玄関まわりの壁も塗り替えた。

一〇万円以上かかるものは指宿市と協議することになっていたが、一〇万円に満たない修繕などは、そらまめの会が指定管理費から捻出しなければならなかった。

工事を依頼された業者の担当者は、「あんたたちはNPOでやっていてお金はないんでしょう？　あんたたちががんばってコストを安くしようとしているのはわかってるからね」とできる限りの協力をしてくれた。

「明るくなったわね。どんな魔法をかけたの？」

指宿図書館内観。陽《ひ》のさす明るい図書館に

ある日、利用者の女性がこう声をかけてくれた。それほど、図書館は目に見える変化を遂げた。

今、指宿図書館を訪れると、明るい館内に驚かされる。吹き抜け部分の窓は、高さ七メートルもあり、隣接している公園のグリーンが目前にある。吹き抜けにはシビックカフェ事業で購入したガーデンパラソルやリクライニングチェアが配置され、背の高い亜熱帯の観葉植物が置かれている。

まるでリゾートホテルにいるかのような空間になっており、利用者たちが思い思いにくつろいで本を読んでいる光景が見られる。

見えてきた図書館の課題

運営を任されてから、指宿図書館が抱える課題もよく見えてきた。

書架から抜かれた本の整理に手が回らず、今度は閉架書庫に本があふれてしまった。特に、地域資料を収められている「郷土資料室」には大きな問題があった。

指宿は古くからサツマイモ栽培が盛んな地である。二階の郷土資料室には、約九〇〇〇点もの甘藷《かんしょ》（サツマイモ）資料があった。地元の甘藷資料研究家から指宿図書館に寄贈されたものだったが、利活用されないまま置かれていた。

そらまめの会が任された図書館運営の中には、この甘藷資料の整理も含まれていた。甘藷資料は、利用者が使いやすいような分類がされておらず、研究者による独自の分類によって並べられていたのだ。

この大仕事は、一期目で終わらせることができず、二期目に持ち越された。

また、そらまめの会の失敗もあった。一年目は節約しながら図書館運営をしていたが、一〇〇〇万円以上の所得がある場合はＮＰＯであっても、消費税が課税されることに気づいていなかった。

そのため、二年目になって消費税分一五〇万円が足りない事態に陥ってしまった。そらまめの会は指宿市とも相談したが、解決しなかった。どうやっても一五〇万円分、足りない。仕方なく、指定管理者として一期目の最後の年にあたる三年目は、職員の減給を余儀なくされた。苦い思い出だ。

苦難の連続だった一期目だったが、叱咤《しった》激励《げきれい》しながら支えてくれたのは利用者たちだった。

指宿市直営時代の指宿図書館には、「読書まつり」という行事があった。学校司書が中心に参加して、優良読書グループ表彰や永年勤続表彰などが行われていた。幼稚園や学校の読書活動の展示、あるいはその実践報告や外部講師による講演会なども開かれていた。正直、こうして字面だけで見ても、わくわくするイメージはない。

そらまめの会では、一年目の引き継ぎ直後のバタバタをなんとかこなし、やっと夏休み前に、各学校の校長や学校司書の集まりで、「読書まつり」について説明を聞きにいくことができた。一年目には時間が足りず、その秋、例年通りの「読書まつり」を踏襲せざるをえなかった。だが、民間が行う「読書まつり」には、学校司書の参加義務もなく、学校関係者、公民館関係者の数は激減した。教育長の挨拶も各表彰式もなくなった。

すると、「読書まつり」の反省会が開かれた際、参加した学校司書たちから、「そらまめの会がやっても、これまでと何も変わらなかった」と残念がる声が上がった。それだけ、そらまめの会に対する期待が高かったということだろう。

事情があったにせよ、そらまめの会は学校司書たちの声を真摯に受け止め、翌年は内容を少し変えた「読書まつり」を開催してみた。それでも、十分に学校司書たちの期待に応《こた》えることはできなかった。

三年目。思い切って、これまでの「読書まつり」を、市の了解を得て「図書館フェスティバル」に改名した。一般の利用者も参加できるようにして、場所も、指宿図書館から駐車場も広く、各学校からアクセスが良い山川図書館へと移した。

会場となった山川図書館は、一夜にして絵本の世界に変貌。ヘンゼルやグレーテル、魔女に扮《ふん》した職員たちが、利用者を出迎えた。

職員が段ボールや画用紙で手作りした「おかしの家」は大人気で、子どもたちは何度も出たり入ったりして楽しんだ。この日は、地元小学校の六年生の女の子が「一日図書館長」を務め、しおり作り体験のサポートをしてくれた。この「図書館フェスティバル」は、子どもだけでなく大人にも好評で、毎年秋頃になると開かれる恒例イベントになった。

　また、選書についても見直しを行った。大量の本を購入する公立図書館は、書籍の納入事業者がお勧めの本を選んで納品するサービスを利用することが多い。図書館にとっては、作業工程を短縮できるメリットがあるからだ。ただし、一方で画一的な選書になるというデメリットも生じる。

　そらまめの会では、このサービスを一部解約して、指宿の地域のニーズに応えた本や、指宿の子どもたちに読んでもらいたい本や指宿市に遺したい郷土資料の購入に努め、書架に並べた。

　すると、「図書館でイベントをやってくれるようになって楽しい」「あなたたちになってから、いい本が増えた」という利用者の声が届き始めたのだ。こうした声は、そらまめの会のメンバーの大きな励みになった。

　最初の三年は駆け足で過ぎ去った。手探りながらも、堅実に着実に行ってきた図書館運営が評価され、次期の指定管理者も、そらまめの会に決定した。一期目と違い、二期目の指定管理者選定の際に、他の事業者が名乗りをあげることはなかった。

「そらまめの会のように地域に根差したきめの細かいサービスは、とてもじゃないができない」

他の事業者はそう判断したのだと、漏れ伝わってきた。この言葉は、後に揺るぎないものになっていく。

待ちに待った電算化スタート！

うれしいことに、契約期間も一期目の三年から、五年に延びた。市民だけでなく、指宿市からも信頼を得ていた。指宿市では、指宿図書館の大きな課題だった電算化について、真剣に検討を始めた。

指宿図書館はまだブラウン方式という前時代的な貸出を行っていた。電算化されていないため、利用者が目的の本を自宅からインターネットで検索できず、来館してもすでに借りられてしまっていたなど、不便きわまりない状況が続いていた。

二〇一〇年から二〇一四年まで、そらまめの会が託された二期目は、この電算化が大きな事業となった。正式に予算が決定すると、指宿図書館は二〇一一年九月から、休館した。バックヤードでは、図書館職員や電算化のために市が面接して雇用したパート一〇人が、電算化のための書誌情報の打ち込み作業を急ピッチに進めていた。司書資格も図書館業務の経験もないパートの人たちを、まとめあげるのもひと苦労だった。

書誌情報があらかじめある本はよかったが、四苦八苦したのが、あの郷土資料室に手付かずのまま置かれていた甘藷資料だった。一から分類をしなければならなかったが、それでもなんとか全員で協力して整理をすることができた。

これを機に、二階の郷土資料室にあった地域資料の中で、利用者に特に役立ちそうな本を一階の書架に移した。鹿児島県関係では、薩摩隼人《はやと》関連、島津家関係、篤姫《あつひめ》、西郷隆盛や大久保利通、椋鳩十《むくはとじゅう》といった郷土に関する人物の資料、幕末に活躍した人々、郷中教育、薩摩切子や地元の植物、生き物などの資料が並んだ。

また、指宿に関する資料として、甘藷資料や指宿の温泉関係、指宿の産業や食べ物などの資料も配架した。指宿出身の漫画家である川原泉さんや西炯子《にしけいこ》さん、指宿市在住の児童文学作家、堀口勇太さんの本もあり、指宿図書館の「顔」とも言える棚ができあがった。

迎えた二〇一二年二月一日、市長や教育長、教育委員会の関係者、子どもたちを招いて、電算化のスタートを祝うセレモニーが開かれた。大人はもちろん、喜んだのは子どもたちだ。子ども用の端末に群がり、絵本や児童書を検索しては、歓声をあげていた。

電算化によって、市町村合併後閉ざされていた山川図書館のネット上での蔵書検索も復活した。指宿図書館と山川図書館は同じシステムで運用できることになり、市民にとっての利便性は格段に上がった。各学校図書館には、ネット環境が整えられ、端末機が配置され、図書館の蔵書検索を可能にした。鹿児島県の公共図書館を横断検索できるシステムにも加入。全国から指宿市立図書館の本を探せるようになった。

また、電算化の作業は思わぬ発見をもたらした。指宿図書館には、国立国会図書館にしかないような貴重な地域資料が多数、見つかったのだ。こうした地域資料は、かけがえのない市民の宝だろう。

読みたい本を読みたい人へ渡すことのできる体制が整い、そらまめの会のメンバーも喜んだ。

一坪図書館と開聞図書室

一方、電算化がスタートした一カ月後、指宿市立図書館の分室にあたる「開聞図書室」が閉鎖された。

指宿市の開聞農村環境改善センター内に設置された図書室だったが、利用頻度が低く、財政負担などの理由から継続は困難と判断された。本は地元の学校図書館や指宿図書館、山川図書館が引き継いだ。

開聞図書室の閉鎖は、旧開聞町の人たちにとって、本へのアクセスが減ることにつながる。しかし、年々小規模の図書館の運営は難しくなりつつある。

たとえば、旧山川町では、地域の小さな図書館が市民の読書を支えてきた。一九八〇年から始まった「一坪図書館」だ。子どもたちに本を読んで欲しいという思いから、旧山川町図書館や読書活動をしていた市民らがともに始めた取り組みだった。

旧山川町の職員として長年働き、現在も地元で区長として活動、社会教育家でもある松下尚明《なおあき》さんによると、当時、子どもたちにどうやって本を読んでもらうか、悩んでいた子ども会の指導者が、「一坪あれば読書活動ができるのに……」とつぶやいたことが始まりだったという。

この言葉を聞いた松下さんは、「それだ！　それだ！」と手を叩《たた》いた。町の予算を新たに獲得することは難しいが、町内にある公共施設や家庭の「一坪」を図書館にしてしまえばいい。この松下さんのアイデアに、町長も「やってみれ」と背中を押してくれた。

こうして、文字通り、町内のわずかなスペースに本棚を置き、そこに二カ月おきに鹿児島県立図書館から借りた本を入れ替え、地域の子どもたちが借りていく一坪図書館が誕生した。最初は一三館でのスタートだった。

一坪図書館はただ本を置くだけでなく、地域文化の拠点にしたいという松下さんたちの思いがあった。そのため、ＰＴＡや子ども会、婦人会、青年団など社会教育に理解があり、実際に活動した経験のある人たちに協力をあおいだ。

一坪図書館はたちまち人気となり、学校帰りの子どもだけでなく、農業書を目当てに地下足袋《たび》をはいた農家の男性も通っていたという。一坪図書館は、読み聞かせ会や映画会、クリスマス会などさまざまな地域活動につながっていった。

当時の山川町教育委員会も、「ポストの数ほど図書館を」と一坪図書館の設置と利用を呼びかけ、一九八一年度は山川町民会館の中にあった図書室の貸出総数一万四六八冊のうち、一坪図書館での貸出が六〇〇〇冊を占めるほど、活動が盛んだった。

しかし、一坪図書館の最大の功績は、貸出冊数もさることながら、山川町の人たちの読書や図書館への思いを育《はぐく》んだことにある。のちに、この運動は山川町立図書館の開館につながり、着実に現在の山川図書館へと受け継がれている。

一坪図書館の取り組みは鹿児島県内で評判を呼び、別の自治体でも広がり、「玄関図書館」「縁側図書館」と呼ばれた。

ところが、市民の少子高齢化などに従って、その数は年々減少。二〇一八年には四館にまで減ってしまった。開聞図書室が閉館になったことを、下吹越さんは重く受け止めていた。ある一坪図書館の館長の言葉が思い出されたという。

「今は地域の子どもたちの数が減りました。でも、いなくなったわけではありません。子どもたちが集まる子ども会や集落のイベントの日に行き、そこで本を開き顔を売り、あ〜あのおばちゃんだ、と思われること、知ってもらうことで一坪図書館に来てもらう足がかりにしないとと思っています。私次第なんだなと思いました」

下吹越さんはその時、ただ図書館にいて利用者を待つだけではなく、「なくてはならない図書館」にならなくてはいけないのだという思いを嚙《か》み締めた。

中に足を踏み入れた瞬間から伝わる

そらまめの会が始めた指宿市立図書館は、その後、市民の人たちが驚くような展開をしていく。

そらまめの会がＬｏＹの最終選考で作成した動画で、指宿市の子ども会育成会の会長を務める男性がこんなことを話していた。

「私は子ども会の育成会長をさせてもらっているので、本を読むということについては、とっても興味があったんですよね。そういう時に（そらまめの会が）ＮＰＯ法人を立ち上げようと。正直にいうと、どこかでつまずくんじゃないかと思ったんですけど、いろんな方々が図書館に来てくれるようになって、えらいなあと。今まで足を向けていなかった人たちも来るようになってきているので、ああすごいなあと思ってます」

最初は、そらまめの会だけでなく、彼女たちを見守る人たちも不安に思っていたことが伝わる言葉だ。そらまめの会が踏み出した第一歩が、今ではしっかりとした歩みになっているからこそ、笑い話として語られている。

二〇一一年の夏、下吹越さんのもとにハガキが一枚、届いた。先日、他県から指宿図書館と山川図書館の視察に来た図書館関係者からだ。そらまめの会の運営も二期目に入っていた。

その中に、こんな言葉を見つけて、下吹越さんはうれしかったという。

「中に一歩足を踏み入れた時から、棚が利用者によびかけている感じを受け、職員の皆様が図書館と利用者を大切に思っていらっしゃることがよく伝わってまいりました。

やるべきことをきちんとやる。地道な努力が良い図書館を作るのだということを目《ま》の当たりにし、自館はどうだろうかと恥入る気持ちでおります。今回の見学を機に当館でもよりいっそう努力して参りたいと存じます……」

また、ある日は、いつも指宿図書館の清掃をお願いしている業者の男性からもこんな言葉をかけられた。

「自分はあんたたちになる前からの図書館をよく知っている。行政の人が二、三年居たら入れ替わるような図書館で、よほどの本好きでなければ行かないような図書館だったよ。でも、あなたたちになってから本好きじゃなくても中をのぞいてみたいと思うようなわくわくするような置き方をしているよね。図書館が楽しそうだ。山川図書館とかもいいよね〜。あそこは職員も若い人ばっかりで元気がいい。いろんな取組みをしていて面白そうだよね。子どもたちも図書館が好きそうだ。活躍していてくれてうれしいよ」

その時、下吹越さんは、「まちの人たちは気づいてくれている。図書館が居心地の良い場所になってきたことに。楽しくなってきたことに。すぐには私たちに伝わってはこないけど、こうして胸のうちに思ってくださっている」と感じたという。

第三章　図書館をつくった人々

指宿図書館のルーツをたどる

ここで、指宿《いぶすき》図書館の歴史に触れておきたい。そのルーツは、一九一三（大正二）年までさかのぼる。

当時の指宿村（現在は指宿市）に「通俗教育会図書館」が創設された。「通俗教育」とは、明治時代から大正時代中頃にかけて使用されていた官製用語で、広く一般を対象とした教育で、現在の「社会教育」にあたる。

これは、地方自治体が設置したものではなく、教師らで構成する教育会という組織が、各地で教育普及のために図書館を運営していた。

さらに一九二三（大正一二）年には、旧指宿村と旧今和泉《いまいずみ》村、旧山川村（いずれも現在の指宿市）にそれぞれ村立図書館が開館する。一九三一（昭和六）年に鹿児島県立図書館がまとめた「鹿児島県図書館一覧」にも、これら四つの図書館の名前が記されている。

さらに、鹿児島県立図書館では当時、「巡回文庫」として遠隔地に本をセットで貸し出す事業をすでに行っていた。鹿児島大学附属図書館が二〇一八年の貴重書公開時にまとめた「鹿児島　書物と図書館の近代」によると、もともとは一九〇二（明治三五）年に、秋田県立図書館がアメリカの図書館の方式を参考に始めたものだったという。

その後、鹿児島県立図書館も巡回文庫を行い、「鹿児島県図書館一覧」に旧指宿村、旧今和泉村、旧山川村を回っていたことが記録されている。なお、巡回文庫は一九三三（昭和八）年、「貸出文庫」と改称されている。

しかし、第二次世界大戦の戦火が激しくなるにつれ、こうした図書館活動は立ち消えていった。

旧指宿町の図書館（現在の指宿図書館）が再び立ち上がるのは、終戦直後の一九四八

（昭和二三）年のことだ。混乱の中、戦争から帰ってきた復員兵、満州からの引揚者、焼け出されて都会から疎開してきた人など、当時の指宿町は、失業者であふれていた。

食糧難の中、多くの人たちが土地を開墾し、比較的育てやすいサツマイモの栽培を始めた。ところが、農業の専門的な技術がなかったため、黒斑病という病気が蔓延《まんえん》しそうになり、鹿児島県農政課の出先機関である「揖宿《いぶすき》地区農業改良普及事務所」は対応に苦慮していた。

当時、ＧＨＱは日本の民主化の一環として、農地制度改革にも乗り出していた。封建主義的な農村の小作農ではなく、自立した農民を育成すると同時に、農業技術や農村の生活向上のための指導が行われていたが、その役割を担っていたのが、農業改良普及事務所だった。

その所長を務めていた田原迫靖《たはらさこやすし》氏も、満州から引き揚げてきた一人だった。四〇年にわたり指宿図書館の司書を務めた大吉訓代《おおよしみちよ》さんによると、田原迫氏は開所したばかりの事務所で、農業指導にあたっていたが、徐々に相談にくる人が増えていったという（『私たち図書館やってます!』そらまめの会編著・南方新社)。

絶え間ない農業相談や技術指導。そうした日々の中で、田原迫氏はここに「農村図書館」を建設するという構想を抱いていた。

しかし、指宿町に図書館をつくる余裕はなかった。田原迫氏は図書館建設をはたらきかけては、町に断られてきた。

そこで田原迫氏は、農業改良普及事務所に図書館を併設することを提案した。知識を求めてくる人たちがそこにはいる。図書館にはうってつけの場所だった。

農村の暮らしを向上させるために始まった

指宿町に許可を取り付け、農村図書館は、農業改良普及事務所に併設され、鹿児島県立図書館の貸出文庫の指宿出張所という形で一九四九(昭和二四)年に始まった。

蔵書は一冊もなく、鹿児島県立図書館から一〇〇冊を貸し出してもらい、農業改良普及用のパンフレットや、小冊子を種類ごとに閉じたものも合わせて、たった二〇〇冊で

指宿町立図書館創設当時の椋鳩十氏（前列中央）

開館したという（前掲書）。

これらのアイデアは、当時の鹿児島県立図書館の館長だった久保田彦穂《ひこほ》氏によるものだった。久保田氏は、児童文学作家として知られる椋鳩十《むくはとじゅう》、その人である。

久保田氏は一九〇五（明治三八）年、長野県下伊那《しもいな》郡《ぐん》喬木《たかぎ》村《むら》に生まれた。大学卒業後は、鹿児島県に教員として赴任した。仕事のかたわら、動物文学のジャンルを確立し、「大造じいさんとガン」（一九四一年）などの名作を発表していった。

女子校の教頭時代、鹿児島県立図書館長に抜擢《ばってき》され、一九四七（昭和二二）年から、一九六六（昭和四一）年まで務め、さまざまな図書館活動を手がけた。たとえば、その一つに「農業文庫」がある。

これは、「県立図書館が貸出文庫のルートにのせて、市町村立図書館へ配本した農業図書を地域の農業専門家の協力を得て、農家の人びとの知識と技術を、ものの考え方を高めて、豊かな生活の実現を目指した図書館活動である」と説明される（『村々に読書の灯を』椋鳩十著・本村寿年編・理論社）。

一九五二（昭和二七）年に始められたとあるが、指宿の農業改良普及事務所に併設された農村図書館も、同様の考え方に基づくものだったのだろう。

農業文庫は、鹿児島県も力を入れており、農政部や農協、県の社会教育課などの職員が農業文庫推進委員会をつくり、県の農政にふさわしい本を選んだ。「農業技術」「経営」「農民としてのものの考え方」の三つに重点をおいて編成された。一九五七（昭和三二）年から、本腰を入れた活動が行われるようになっていく。

当時、指宿だけでなく鹿児島県全体が戦争に疲弊していた。久保田氏はこう書き残している。

「貧しさに甘んずるということは、ひとつの罪悪であると思う。

鹿児島県は、総人口の七十四パーセントが農業人口であるようであるが、農業にたずさわる人自身が、農業に従事するということは、貧乏という運命を背負っているものだという、あきらめの落とし穴に落ち込んでいる人も、相当数いるという話も聞いている。

もし、そうだとすると、近代的な人生観からは、大きな罪悪をおかしているといわなければならない。

しかし、こんな理屈はどうでもよい。

農業に従事する人びとが、現在よりも、もっと豊かになり、文化的高い生活をできるということは、好ましいことなのである」（前掲書）

そして、豊かで文化的な生活をするためには、知識と技術とものの考え方に基づいた実践の大切さを説いた。その実践のために、鹿児島県立図書館が農業文庫をスタートさせたという。

作戦成功、指宿市立図書館の誕生

農村文庫の規模は決して大きいものではなかった。大吉訓代さんによると、粗末な玄関の右側に「鹿児島県揖宿地区農業改良普及事務所」、左側に「附属　指宿町立図書館鹿児島県立図書館貸出文庫指宿出張所」という表札がかけられ、通りかかった人たちは、大吉さんに「何をするところか？」とよく尋ねにきたそうだ（『私たち図書館やってます！』）。

「豚が、あんべ（具合）悪いからバイ（獣医）どんにすぐ来てもらってください」と走ってくる農家の女性、「稲が病害虫にやられて穂先が枯れてきた」と血相を変えてくる地下足袋《たび》の男性。さまざまな悩みごと、困りごとが持ち込まれた。

一方で、子どもたちが学校帰りに本を借りるようになっていった。「久保田館長と田原迫所長の作戦で、何時《いつ》の間にか図書館ができてしまっていたというのが、指宿図書館のはじまりであった」と大吉さんは振り返っている（前掲書）。

大吉さんがこの図書館とは名ばかりの事務所に勤め始めたのは、一九四九（昭和二四）年春のことだった。学校を卒業した大吉さんは、町役場に入り、図書館勤務を申しつけられた。勤務先に向かったところ、よくわからない「事務所」。「何故この事務所に回されたのだろうか」と頭の中はいっぱいになってしまったと、著書『お変わりありませんか』（高城書房）で述懐している。大吉さんの中の図書館像は、鹿児島県立図書館だった。堅牢なコンクリートの建物に、ぎっしりと本の詰まった書架。しかし、この事務所は「図書館」とはかけ離れていた。

思わず、大吉さんは「図書館は何処にあるのですか？」と聞いてしまい、田原迫所長に「いやそれを今から創るのですよ。あなたも一緒に」と言われたという。

事務所には、農家の人たち、引き揚げたばかりで初めて農業をする人たち、都会から疎開していた人たちなどさまざまな人たちが出入りしていた。彼らのために、一週間を通して行われる農業の夜間講座が開かれた。書斎程度の規模の書架しかなかったが、次々とみんな借りるため、すぐに棚は空になった（前掲書）

さて、指宿町は一九五四（昭和二九）年、今和泉村と合併して「指宿市」となった。指宿町図書館という「既成事実」が発端となって、いよいよ指宿市も市立図書館設立へと動いた。指宿市立図書館開館から一年後には、「鹿児島県立図書館貸出文庫指宿出張所」は役割を終え、看板もはずされた。

指宿市立図書館の館長には、田原迫氏が所長職と兼任する形で就いた。農業改良普及事務所では、昼間は畑で実地指導、夜は事務所で農業講座が開かれた。中には一般教養向けの講座があり、読書講座もあった。こうした講座後は、図書館にある関連図書をみんな競うように借りていった。

戦争が終わり、色々な物資が足りていなかったが、講座を受講して本を借り、知識を蓄えようとする人びとの姿が想起される。その手には、一〇冊、一五冊と本を抱え、持ち帰っては地域で回し読みをしたり、読書会を開いて理解を深めていったという。

貸出は徐々に増えていった。書架は大体からっぽのことが多かった。大吉さんはせっせと鹿児島県立図書館に通い、貸し出された本の交換をした。

久保田氏は変わらず指宿市立図書館の支援をしてくれた。指宿市立図書館開館一周年の時には、久保田氏が講演会の講師として駆けつけた。指宿市には予算がなかったが、鹿児島県立図書館から映画のフィルムとともに映写技師が派遣され、映画会も開かれた。まだ映画を見る機会はまれな時代、みんな大喜びだった。

戦争の痛手から立ち直り、日常生活を取り戻すために図書館が必要だった。

本を読んだら「スロッパ」と言われた女性たち

本を読み始めたのは、子どもたちだけではなかった。戦中から戦後にかけて、生きることで精一杯だった主婦や母親たちが、熱心に読書をするようになっていった。

「私たちにも本を貸してもらえますか」

そういって、鍬《くわ》を担いだ農家の主婦が遠慮がちに訪ねてきたことを、大吉さんは今でも忘れられないと、新聞の取材に応《こた》えている（二〇一〇年二月四日付「南日本新聞」）。

戦争が終わり、新しい憲法では男女平等がうたわれていたものの、女性が本を読むことに対する差別や偏見はまだまだ根強かったのだ。そうした中、久保田氏の後押しもあり、指宿市立図書館を中心に活動する「柳和《りゆうわ》母親読書グループ」が一九五五（昭和三〇）年に生まれた。メンバーは、四〇代の母親が中心だった。

一カ月に一度、必ず一冊は本を読んできては集まり、感想を語り合う会で、女性たちは楽しみに参加していた。中には、エッセーを書いて発表する女性もいて、夫に隠れて貯《た》めてきたヘソクリがバレてしまったという話をみんなでわいわいと話題にしたという。

集まりには毎回欠かさず、久保田氏も汽車に乗って鹿児島市から駆けつけてくれた。指宿図書館には今でも、久保田氏を中心とした「柳和母親読書グループ」の女性たちの写真がカウンターに飾られている。

読書グループは結成されたものの、女性たちは農作業の合間、野良着の下にこっそり隠し持っていた本を読んだ。読書グループが結成された昭和三〇年代、読書する女性は偏見の目で見られた。畑仕事をさぼっている「スロッパ（怠け者）」、「学者（がっしゃ）さあ」などと嫌味を言われ、自由に読書を楽しむことは難しかった。

そうした中、女性たちにとっては、久保田氏の講演を聞いたり、読書グループで推挙されていた『アルプスの少女ハイジ』を読んだりすることが何よりの楽しみになっていた。

読書グループの活動が評価され、指宿市立図書館は一九五五年、鹿児島県図書館努力賞を受賞。翌年には、第十回読書週間実行委員会で優良活動表彰。一九六〇年には、東京都立日比谷図書館（当時）の職員を招待して、読書グループの研究会も開いた。現在も続く文集「文芸いぶすき」の前身となる「柳和」の創刊もこの頃だ。

下吹越《しもひごし》さんはこう話す。

「当時の図書館の文集『柳和』第二号には『本の読み方は、単に気の向くままに読むというのではなく、生産を高めるために本を読む。食生活を改善するために本を読むというように、あるものを目指してその問題を解決するために本を読むような傾向が多分に強いので、誠に望ましい読み方だと思う』と書かれています。読書が営利につながり、戦後のまちの復興につながっていったのです」

図書館の本を読んで、アイリス栽培に成功

農村の女性たちはただ自分の楽しみのためだけに、本を読んでいたわけではない。ある時、指宿市の農業婦人部では、アイリスの栽培を手掛けようとしていたが、失敗が続いていた。

そうした中、農家の女性二人が勇気を出して同僚の女性たちを誘い、鹿児島県立図書館から貸出を受けていた農業の本を図書館で借りていった。そして農作業の合間に本を読み、その栽培方法を学んだ。

暖かな指宿は氷点下になることはない。球根類は越冬させなければ発芽しないということを知った女性たちは、隣町の製氷業者に頼んで、球根を越冬させた。まだ指宿には、冷蔵庫のある家庭は少なかった。

越冬させた球根を植えたところ、見事に畑一面にアイリスの花が咲いた。花を出荷して、現金化する手法も図書館の本で知った。農家は潤うようになり、「本もたまには、

為になるんだねえ」と、農家の女性たちは初めて姑《しゅうとめ》に読書をほめられたというエピソードも伝わる。

その後、少しずつ周囲の理解が進み、堂々と女性も本を読めるようになっていった。

また、こんな話もある。

一九四九（昭和二四）年、東京都が失業者対策として、労働者の日給を二四〇円と定めたことがあった。二〇〇円が二枚、一〇円が四枚だったことから、雇われた人たちを「ニコヨン」と呼んでいた。

指宿にも、中国から引き揚げてきた男性がいた。それまでは苦労なく暮らしていたが、戦後は一転して「ニコヨン」と呼ばれる日雇い労働者として、厳しい建設労働をしていた。

雨が降れば仕事は休みとなり、保険金が支給されることになっていた。雨宿りをかねて、保険金の支給を待つ間、男性が入った建物が、図書館だった。

書架に並ぶ本を見て、男性の忘れていた読書熱がよみがえった。一冊借りて、むさぼるように読んだ。仕事先の現場でも読んでいると、仲間が集まって興味を示した。男性は読書グループをつくり、図書館から数十冊をまとめて借りてきては、仲間たちと読んだ。

大吉さんの回想によると、男性は移動の激しい仲間から本を回収するためにあちこちの現場を歩いた。仲間たちの希望や好みに合わせて本を借りるのも大変だったが、作業現場での会話が本の話題で盛り上がることが、励みになっていたという（『私たち図書館やってます！』）。

男性は、久保田氏の講演がある度に、作業着のまま仲間と参加した。男性たちの読書グループは、テレビや新聞で紹介されるまでになった。

子どもの心をふっくりと豊かに

また、鹿児島県では、一九六〇（昭和三五）年の「こどもの日」から、「母と子の二十分間読書運動」という取り組みがスタートした。

久保田氏が提唱した運動で、毎日、子どもが教科書以外の本を声を出して読むのを二〇分間、親がそばで聞く、というものだった。図書館や公民館、ＰＴＡにも呼びかけ、初年度は八万五〇〇〇人、翌年度は一〇万人の母子が参加した。

久保田氏は、椋鳩十としての作家活動よりも、この読書運動に情熱を傾けたという（『村々に読書の灯を』）。その甲斐《かい》あって、翌年には宮城県、愛媛県、高知市、福岡県と各地に広がっていった。

鹿児島県では現在もこの運動が続けられている。「第四次鹿児島県子ども読書活動推進計画」によると、小学校、中学校、高校それぞれにおいて、平均読書冊数は全国を上回っている。特に小学校が顕著で、二〇一七年一〇月の一カ月で、全国平均が一〇・五冊だったのに比べ、鹿児島県内の小学校の平均は二一・七冊と約二倍だった。そのことの裏付けに県内すべての学校図書館に司書配置がある。

同計画の中では、さらに子どもたちの読書を推進するため、地域の公立図書館の機能強化を掲げている。図書資料の充実、児童室や児童コーナーの充実、移動図書館によるサービスなどが挙げられている。

まさに、指宿市立図書館が取り組んできたさまざまなことと重なる。

久保田氏は、「母と子の二十分間読書運動」を「学校教育と家庭教育との交差点にあるようなもの」と位置付けている（前掲書）。

戦後、戦争の痛みが薄れ、徐々に生活が豊かになり、さまざまな娯楽が登場していくにつれ、今度は別の問題が生じ始めた。

教師を暴行し、万引きする不良少年。厳しい入試に、入社試験。親の心配のタネは尽きない。

「心配のあまり、禁止と命令が、さかんに出されるのです。

テレビを見てはいけない。マンガを読んではいけない。そんなところに行ってはいけない。そんな玩具を持って遊んではいけない。

それ勉強しなさい。それ宿題をしなさい。

忙しいうえに、神経質になってしまったお母さまは、禁止と命令の出しづめで、これ

さえやっていれば、子どもの教育ができたと思いがちになってしまうのです」（前掲書）

そんな子どもたちの生活では、心が忘れられがちになってしまう。そのため、「ふっくりと、子どもの心を豊かにしていく工夫」として、この運動が生まれてきたのだという。

この運動はもちろん、指宿でも実践された。現在でも指宿図書館や山川図書館の活動にしっかりと根付いている。

鹿児島県立図書館の前に建つ椋鳩十文学碑にはこう刻まれている。

「感動は人生の窓を開く」

久保田氏の活動は、まさに人々の人生の風景を変える窓だった。

第四章　子どもたちが育つ図書館

山川図書館のルーツ

夕方、あるいは学校がお休みの日、山川図書館の図書返却ポストの扉は、忙《せわ》しなくパタパタと動く。

突然、本の返却が増えたわけではなく、扉の向こうから子どもたちが顔をのぞかせる。

「今何時?」

「今日は誰がいるの?」

「図書館の中は涼しいねえ」

子どもたちは口々にそういって、挨拶すると、図書館へと駆け込んでくる。

いつも子どもたちであふれている図書館。指宿《いぶすき》市立図書館のもう一つの図書館である山川図書館の印象だ。

指宿図書館がＪＲの指宿駅に近く、中央図書館としてあらゆる年齢層の人たちを対象としているのに対し、山川図書館はもともと小中高の中間地点に建てられ、児童サービスが充実している。そのためか、子どもたちがまるで自分の家のように「ただいまーと帰ってくる」図書館として長年、地域で親しまれてきた。ランドセル置場もある図書館だ。

指宿図書館の歴史もさまざまな物語があったが、この山川図書館にも地域の人たちの図書館への思いが詰まっている。

二〇〇六年に指宿市と合併する前、この図書館は山川町立図書館だった。山川町は指宿よりも南に位置し、鹿児島湾の港町として知られる。カツオやマグロの水揚げが多く、江戸時代は島津氏の直轄地で、薩摩《さつま》藩の琉球《りゅうきゅう》貿易の窓口となっていた。

古くから南蛮貿易の重要な中継地であり、ポルトガルの商人、ジョルジェ・アルバレスが一五四六年に鹿児島を訪れた際、山川のことを書き記している。宣教師ザビエルの依頼を受けて、日本の滞在記録を記した『日本報告』で、初めてヨーロッパに紹介された「日本」は山川だった。

そんな歴史ある旧山川町に図書館活動が始まったのは、一九五四年のことだった。山川町議会の一角に本棚が設置され、そこには、数百冊の本があったという。

その後、小学校の音楽室への移転を経て、一九五七年に元の場所に再び移転。この時の蔵書数は二三八三冊で、うち七五〇冊は鹿児島県立図書館の貸出文庫だった。この頃、主婦の読書グループや青年会読書活動に子ども会の読書会などで活発に読書活動が行われていた。このうち、婦人会の読書グループはやはり冷たい目で見られていたが、その後は鹿児島県立図書館の館長、久保田氏が進めた「親子読書二十分間読書会」の活動へと合流した。

一九七〇年には、山川小学校が移転したのを機に、閉校した校舎に図書館が移転した。教室などを利用した図書館は、「倉庫型図書館」と呼ばれた。

旧山川町役場の職員で、山川町立図書館の設立に尽力した松下尚明《なおあき》さんは、「蔵書は四〇〇〇冊あったが古い本ばかり。狭くて暗く、職員もいなかった」と振り返る。

そうして一九七九年、町制五〇周年の記念として山川町待望の町民会館がオープンした。「文化の殿堂」となるよう、二階には一六八平方メートルの「図書室」が置かれることになった。

確かに、以前の図書館よりも規模は拡大したが、ここにも専任の司書を置くことはできず、しばらくは貸出中心の状態が続いた。

夏休みに自家用車で本を届ける

「山川町に図書館をつくりたい」

そう考えたのが、まだ二〇代の松下さんだった。大学時代は全共闘運動に身を投じたこともあり、町役場に就職した松下さんが社会教育の担当になるのを、「役場に赤旗（共産主義や社会主義を象徴する旗）立つぞ」と揶揄《やゆ》した人たちもいた。

しかし、松下さんの地元の人たちが「そんな人ではない」と推したこともあり、その後は山川町の社会教育に携わっていった。

いきなり図書館をつくることは難しいが、松下さんは町民会館図書室を基点に、さまざまな図書館活動を手がけた。

図書室の利用者は、町民会館のある山川港周辺の住民に限られていた。もっと他の地域の人たちにも使って欲しいと考えた松下さんは、まず、ある年の夏休みから自家用車を使って「移動図書室」を始めた。図書室に来てもらえないなら、自分たちが出かけて行こうという発想だ。その甲斐《かい》あって、毎年の貸出は五〇〇冊に増えた。

「古ぼけた軽自動車に、わずかの図書を積んでの巡回である。十分なことが出来る訳がない。だが、各地区で、差し入れのジュースをいただきながら、図書室の存在をＰＲしえたことは有意義だったといえよう」

松下さんは後にこう書いている（『地域生活と生涯学習　中野哲二教授退任記念論文集』鉱脈社）。

ただし、三年続いたこの活動にも限界があった。本来の仕事を疎《おろそ》かにはできない。そこで各地に読書の拠点を作るために考えついたのが、第二章で紹介した「一坪図書館」である。

一坪図書館の活動が広まる一方で、町民会館図書室の図書購入費は依然として二五万円にとどまっていた。足りない分は、鹿児島県立図書館の貸出文庫をフル活用した。

他の町村は「県立図書館の本を紛失したら大変だ」といって、大事にしすぎてほこりをかぶっていた公民館図書室もあったそうだが、山川町では積極的に活用した。

町民会館図書室から町立図書館へ

一坪図書館の原動力となったのが、一九八〇年に国の補助金を得てスタートした「婦人読書ボランティア活動」だ。山川町初のボランティア活動で二〇人の女性たちが参加。読み聞かせや紙芝居などの理論を学び、町内の保育園などでその成果を披露するようになった。

図書室職員や松下さんたちによる、こうした地道な「読書振興計画」により、着実に山川町では読書する人が増えていった。その実績をもとに、「線香の火で風呂はわかせない」という椋鳩十《むくはとじゅう》こと、久保田彦穂氏の言葉を用いて、町に図書購入費用の増額を求めた。

町もその実績を重く受け止め、一九八四年度以降、図書購入費として年間一四〇万円前後の予算が計上されるようになった。

松下さんが「移動図書室」で「古ぼけた軽自動車」を使っていたのを見かねた町の人が、ワンボックスカーを寄贈してくれた。

一方、町民に読書の習慣が広がり、子どもたちから大人まで借りていくようになると、図書室の蔵書は二万冊以上に増え、一九九〇年ごろには収納はパンク寸前となっていた。

運営面でも、カウンターの職員は一人だけで、土日は休館になっているなど、「図書室」の対応に限界がきていた。

松下さんは町長に進言した。

「町立図書館をつくりましょう」

町民からも新しい図書館がほしいという声が上がり、町長は公約にした。町議会もこれを支持した。

一九九二年、山川町は新しい図書館建設の基本構想策定に入った。松下さんが自家用車で本を町内に届けはじめてから、一五年が経《た》とうとしていた。

松下さんに「新しい図書館づくりに苦労はなかったのでしょうか」と尋ねた。すると、松下さんは「何も苦労はないわさ。だって、苦労するのは当たり前。多くの分野の多くの人とトラブルにはなった。そのトラブルに耐えられるかどうか、ということです」と断言した。

松下さんは公務員としては型破りだった。未来の図書館のために、前例のないことを企画し、立案していった。

「出る杭《くい》を打とうという人はいるわけだよね。町長よりも有名だったから。泣きもしたし、相当に焼酎も飲んだけれど、いつの間にか打たれなくなった」

役場の中から聞こえていた「忙しけ、そんなもんできっかよ」「自分たちが『のさん』ばっかいじゃらよ」という声も消えていった。「のさん」とは、鹿児島の言葉で「だるい、きつい、辛い」を意味する。つまり、面倒な仕事を増やしてほしくないという同僚は少なくなかったのだ。

しかし、松下さんは止まることなく、地道な活動を続け、町民にも読書が広がっていった。その原動力は「図書館づくり」にあった。

「人々の心を耕すための手立てとして、図書館が必要だと思い定めていました。だから、いろいろな機会に提言した。町の執行部にも、山川の町民にも。それが私の運動としての図書館づくりでした」

図書館には「住民に寄り添う気持ち」が必要

新しい図書館づくりを任されたのは、松下さんだった。平日夜の残業、土日もなく働いた。

図書館のレイアウト構想、財源の確保、用地の買収、建設会社の選定。仕事は山積みだった。

そうして一九九五年、待ちに待った山川町立図書館が誕生した。南薩《なんさつ》地域では初めてコンピューターを導入した貸出や、蔵書管理を実現した。鹿児島県立図書館のシステムにも接続され、山川町立図書館から鹿児島県立図書館の蔵書検索ができるようになった。

その後、二〇〇六年合併によって山川町立図書館は指宿市立山川図書館となった。二〇〇七年には指定管理者のそらまめの会による運営が始まり、現在に至っている。

「世の中では、NPOが委託を受けることに、まだまだ否定的です。私はそらまめの会のようなNPOが、図書館を運営することはとてもいいことだと思っています」

自ら手がけた図書館を、そらまめの会には任せられるという。その理由を「プロのチームだから」という松下さん。

「そらまめの会は、住民に寄り添う気持ちが強い。行政職員はそれが少ないです。行政職員は、説明はする。説明はするけど、寄り添わない。遠くから語るだけです。それでは、図書館のプロにはなり得ないわけです。しかし、お年寄りや子どもたちにとって

『寄り添う気持ち』は大切です。図書館を運営する者の大事な資質だと思います。またあの人に会いたい、話を聞いてもらいたい。語りたい。それが本を媒介してできればいいですよね」

今も松下さんは夫婦で山川図書館を利用する。読みたい本がなければ、すぐに鹿児島県立図書館や、他の市町村の図書館の蔵書にないか探してくれる。場合によっては取り寄せて、貸出もしてもらえる。

実はこの他の自治体から本を貸し借りする「図書館間相互貸借」という仕組みは、松下さんが図書館づくりに奔走していた頃に、山川町に導入したものだ。

「みんな最初は、相互貸借を必要とする根拠がわからない、町の税金で買った本なのだから、町民や町議会が許さないというわけです。それを突き破るのが私の仕事でした。地方自治法をひっぱり、教育基本法をひっぱり、説得しました。今、自分の若い頃の仕事の恩恵を、私が一番、受けているわけです」

松下さんはそう言って笑った。

もちろん、そらまめの会に対して課題を指摘し、期待も寄せる。

「これから、どういうふうな方向性を模索していくか考えた時に、指宿市では第一次産業がずいぶん衰退している。農業であれ、漁業であれ、従事している人が少なくなっている。それに対して図書館はどういう支援ができるのか。また、このあたりは観光地もありますから、たとえば図書館と企業と組んで、なにかできないか。図書館の応援団もつくって、読書の楽しさをさらに広めていくことも必要なんだろうと思います」

その視点は、やはり地域の未来を見据えている。

「本は一人で読むものですが、一冊の本を語り合う喜びがある。そういう読み方があるのかと、自分だけではわからなかった気づきがある。お茶でも飲みながら、そうしたことを語ることが、人生には大事なんですね。図書館は、誰でも入ってこられるカフェみたいな場でなければ、いけないのだろうと思います」

松下さんの話を聞きながら、「プロローグ」で紹介した、イタリアで図書館づくりをしてきたアントネッラ・アンニョリさんの「これからの図書館のあり方は、都市空間、つまり教会、市場、広場のような『出会いの場』と深く関わっている」という言葉を思い起こしていた。

夏休みのイベントで常連になった子どもたち

山川図書館は今、一九九五年に山川町立図書館として建築された建物をそのまま受け継いでいる。延べ床面積は約一六〇〇平方メートル、蔵書数は約六万二〇〇〇冊の図書館だ。年間貸出数は約五万四〇〇〇冊、年間来館者数は約一万五〇〇〇人だ。

そらまめの会が指定管理者となって新たにスタートした山川図書館はどう変わったのだろうか。

現在の館長である久川文乃《ひさかわあやの》さんは、「最初は草ばかりむしってました。今でも忘れられません」と振り返る。

それまで開館時間は午前一〇時だったが、そらまめの会になってからは、午前九時に変更になった。利用者に開館している時間が長くなったことが伝わっていなかった上、小中学校や高校が近隣にあるにもかかわらず、子どもたちに図書館に立ち寄る習慣はなかった。当時の図書館職員は子どもが大きな声を出す度《たび》に制止し、外に出るように促していた。沈黙ありきの図書館だった。

学校図書館の司書として九年勤めた経験のある久川さんには、なんとも居心地が悪く、寂しい日々が続いた。そうした中、久川さんたちは動いた。『私たち図書館やってます！』のエピソードを紹介したい。

「子どもたちに図書館へ来てもらおう」

久川さんたちがまず取り組んだのが、夏休みのイベントだった。最初の夏休みは、「しおり作り」や「牛乳パックで紙トンボ作り」など毎週イベントを企画した。

少々にぎやかでも、そこまでまだ利用者は多くなかったから迷惑になることもなかった。こうしたイベントを重ねるごとに、図書館を訪れる子どもたちは増え、「常連さん」となっていった。久川さんたちも子どもたちの顔と名前を覚え、関係を築いた。

夏休みが終わっても、子どもたちはランドセルを家に置いたら、すぐに図書館に来た。

図書館で宿題をしたり、好きな本を読んだり、久川さんたちとおしゃべりをした。

一年、二年、三年と一緒に過ごすうちに、山川図書館は子どもたちの居場所になっていった。

久川さんには、忘れられない思い出がある。

ある日の夕方、常連のAちゃんが図書館に来た。いつもは笑顔のAちゃんだが、この時はなぜか泣いていた。驚いた久川さんたちが「どうしたの？」と声をかけると、「家に誰もいないの」という。

学校から帰っていつもなら家族がいるはずなのに、誰もいない。不安になったAちゃんは、図書館へ向かったのだ。

山川図書館には家族以外に頼れる大人がいると子どもが考え、行動したことを、久川さんはうれしく感じた。泣いていたAちゃんを事務室で休ませ、家族に連絡すると、もう自宅に着いていた。久川さんはAちゃんを自宅近くまで送っていった。

中学生にも図書館に来て欲しい

一年目で、小学生たちが山川図書館に来てくれるようになった。次は、通学路で図書館の目の前を歩いている中学生にも来て欲しい。

しかし、中学生は部活が忙しかったり、勉強が忙しかったりして、なかなか図書館に足を向ける機会はなかった。

久川さんたちは二年目、学校司書の定例会に、指宿市立図書館の職員も参加させてほしいと教育委員会や司書部会にお願いした。

もともと学校司書だった久川さんは、市立図書館ができることを模索していた。ただ、一方的なサポートではなく、お互いを理解した上でのサポートが必要だと、経験から考えていた。そのためには、指宿市の学校司書たちが何を目指しているのか、また何に悩んでいるのかを知りたいと思った。

二年目からは学校司書の集まりに参加させてもらうようになり、交流の場として指宿市立図書館もそらまめの会主催の「司書まなびの会」を立ち上げた。どこの誰でも参加できるオープンな会だった。そのため、市外、県外からも参加希望者がいる程の人気だった。学校司書と交流を重ねていく中、「中学校でおはなし会やブックトークをしたいのだが、呼んでもらえないだろうか？」と声をかけてみた。

二年目の秋、いよいよ中学校と連携をとる機会がやってきた。月曜日の朝、一五分間だけ時間をもらって、読み聞かせや朗読、ブックトークを行った。中学生たちは笑ったり、聞き入ったりして、本の世界に誘《いざな》われた。

もちろん、最後には「今日読んだ本は、図書館にあるから借りに来てね」とPRも忘れない。山川図書館では、「中学校で読み聞かせをした本のコーナー」を設置した。

これ以外にも一〇代の子どもたちに興味を持ってもらえるよう、おすすめの本のリストをつくったり、ライトノベルをエントランス近くに置いて、手に取りやすいよう工夫した。各クラスで誰が何を紹介したのかも貼り出した。

こうした努力の甲斐があって、山川図書館には中学生の姿が増えていったという。

なお、指宿図書館も山川図書館も蔵書の中に漫画がある。特に山川図書館の漫画コーナーは充実しているが、一方で、「漫画ばっかり読んでていいの?」と言われたりもする。

しかし、最初は漫画目当てで来ていた小学生や中学生が、そのうち他の本も借りていくのだという。映画化された本や、漫画本の原作本紹介などから読み物に移行し、長編の読み物につながった子どももいた。もしも、図書館に漫画がなければ、来なかったかもしれない子もいるかと思うと、やはり図書館に通うきっかけとしての漫画は魅力的なツールなのかもしれない。

図書館の人気イベント「セミの羽化観察会」

図書館の児童書は、昔話や童話だけではない。子どもたちの好奇心を伸ばす自然科学の本も揃《そろ》っている。

「俺、恐竜の本じゃなきゃ借りない」「俺、カブトムシの本じゃなきゃ借りない」「乗り

セミの羽化の観察会

カブトムシもいる山川図書館

物の本大好き！」

そんな子どももいることを、久川さんは経験的に知っている。そのため、おはなし会では、自然科学の本も読むようにしている。そんな子どもたちに人気なのが、『ダンゴムシ　みつけたよ』（皆越ようせい著、写真・ポプラ社）という写真絵本だ。ダンゴムシが大好きな子どもが多いため、この本を読み始めると、子どもたちの目がどんどん輝いていくという。

久川さんは学校司書として働いていた時、小学五年生の男の子から、ガチャガチャの丸いカプセルいっぱいのダンゴムシをプレゼントされたことがある。おはなし会で、『ダンゴムシ　みつけたよ』を読んだら、ダンゴムシが大好きだと思われたそうだ。

そこでダンゴムシを後で捨てにいったりしないのが久川さんだ。飼育方法を調べ、ダンゴムシを学校図書館でしばらく飼育した。

そうした久川さんの子どもたちの好奇心を伸ばしていく姿勢は、山川図書館でも貫かれている。

たとえば、指宿図書館と山川図書館では毎年夏、「セミの羽化観察会」を開いていた。夜になったら懐中電灯と虫除けスプレーを持参して集合。セミがどうやって羽化するのかなど基本的な知識を学んだ後、指宿図書館に隣接する公園で、実際にセミが羽化する様子を観察する。

この観察会の中心となっているのが、久川さんだ。きっかけは、学校司書時代に出会った一冊の絵本だった。『セミのおきみやげ』（宮武頼夫文・中西章絵・福音館書店）だった。セミのおきみやげとは、セミの抜け殻のことで、絵本では一本の木にたくさんの抜け殻がついている絵が印象に残った。

本当にそんなにたくさんの抜け殻があるのか気になった久川さんは、校庭の桜の木を見にいくと、絵本と同じように抜け殻がたくさんついていたという。

しかも、絵本では抜け殻をみればオスかメスかわかると書いてあった。確かめてみようと、久川さんが長い棒で抜け殻を木から落としていると、子どもたちも「なにやってるの？」と集まってきた。

久川さんが抜け殻でオスかメスかを確認しようとしていることを伝えると、子どもたちも一緒になって抜け殻を集め、セミの生態について学ぶことができた。

その延長線上で、小学校で開いていたセミの羽化観察会を、指宿図書館でもやってみることにしたのだ。命の不思議に子どもも大人も興味津々で、一時は八十人が参加するような人気のイベントとなり、人数制限をして、予約制で参加してもらうほどになった。

図書館でサツマイモを植えてみたら

二〇〇九年秋、山川図書館は畑で収穫の季節を迎えていた。サツマイモである。「なぜ図書館でサツマイモを?」と不思議に思うが、既存のイメージにとらわれないのが、そらまめの会だ。

山川図書館にはもともと花壇が数カ所あるのだが、「次に何を植えるか?」という話になったとき、サツマイモはどうだろうかという話になった。

鹿児島県はサツマイモの産地であり、琉球からサツマイモの苗を持ち込み、栽培の普

山川図書館のサツマイモ畑

及をした前田利右衛門《まえだりえもん》はもともと山川の出身ということもあり、図書館でサツマイモづくりに挑戦することになった。

二〇〇九年五月に、指宿農業協同組合や公民館、図書館の連携によってサツマイモの苗が集まり、山川図書館によく来てくれる地元山川高校の高校生と大成小学校（現在の山川小学校）の小学生らが植え付けをした。

夏の間は、サツマイモが枯れないように水を撒《ま》いたり、雑草をとりのぞいたり、世話をした。子どもたちはサツマイモが生長していく様子を間近で観察した。

そうして一〇月になってから土を掘り返し、サツマイモを植えた子どもたちと一緒に収穫した。指宿農業協同組合の職員を講師にサツマイモについて学んだ後は、図書館と同じ施設にいる公民館主事も手伝ってくれて、とれたサツマイモをふかしてみんなで食べた。みんなで育てた「図書館芋」はきっとおいしかったことだろう。

サツマイモづくりはその後、何年か続き、秋にとれたサツマイモを翌年の「お年賀」としてサプライズで利用者に配られたこともあった。

ほかにも、二〇一五年一二月に「ぬいぐるみのおとまり会」を開いた。これは、アメリカの図書館で始まったイベントで、子どもたちにとても人気がある。

子どもがお気に入りのぬいぐるみをもって来館し、一緒におはなし会をした後、子どもたちはぬいぐるみを預けて帰宅。ぬいぐるみは夜間、図書館で過ごすというイベントだ。

山川図書館では、クリスマスにちなんだ物語を読み聞かせした。図書館にお泊まりしたぬいぐるみたちが、貸出の仕事などを体験している様子を写真におさめ、翌朝は子どもたちにぬいぐるみとアルバムが返された。

手間のかかるイベントが少なくないが、一つ一つをみれば、いかに山川図書館が子どもたちと真剣に向き合ってきたかがうかがえる。

久川さんたちが一五年という年月をかけて実践してきた子どもたちの居場所作りや、子どもたちの好奇心を伸ばす図書館は、着実に根付いている。

「もともと私は小学校の学校司書でしたから、児童サービスの方が比較的得意です。当時の教え子や、この山川図書館に本を読むというより、遊びに来ていたような子たちがもう二〇代、三〇代になっていますが、今でもつながっていて、彼女ができたとか、結婚しますとか、報告にきてくれるのがうれしいです」

そう久川さんは話す。子どもたちは、山川図書館を「やまとしょ」と呼ぶ。

「やまとしょ行けば、楽しんじゃない」

そういって、子どもたちはずっと山川図書館に通ってきていた。そして、今も同じようにパパやママになった当時の子どもたちや、その子の子どもたちが通っている。

第五章　図書館はプロの探偵？

「魔法を使えるようになりたい」という希望に応える図書館

図書館の大事な仕事は、本の貸出だけではない。

利用者からのさまざまな疑問や質問を受けて、適切な資料を探す手助けをする「レファレンス」という仕事も行っている。

多くの図書館で、本の貸出や返却以外に「レファレンス・コーナー」あるいは、「調べ物コーナー」といったサインを掲げたコーナーを見つけることができる。最近では、「レファレンス」という言葉が難しいイメージで近寄り難いのではないかという理由から、シンプルに「?」というマークを掲げている図書館もある。

レファレンスというと、何か学術的なことを聞かなければならないなどと思ってしまうが、福井県立図書館が出版して話題となった『一〇〇万回死んだねこ　覚え違いタイトル集』はレファレンスの事例集である。

　この本は、思わず笑ってしまうような本に関する質問をまとめている。たとえば、「とんでもなくクリスタル」、「わたしを探さないで」、「下町のロボット」、「蚊にピアス」、「おい桐島《きりしま》、お前部活やめるのか?」、「人生が片付くときめきの魔法」など利用者の思い込みやうろ覚えをもとに、プロの技で本のタイトルを探し当てるのだ。

　なお、「ねじ曲がったクロマニョンみたいな名前の村上春樹の本」は素人の私でも『ねじまき鳥クロニクル』だとわかったが、「昔からあるハムスターみたいな本」は悩んだ。正しいタイトルはシェイクスピアの「ハムレット」だそうだ。

　また、全国の図書館と協力して、たくさんのレファレンス事例を集めているのが、国立国会図書館が運営する「レファレンス協同データベース」(https://crd.ndl.go.jp/reference/)だ。このデータベースに登録されている事例をみていると、福井県立図書館だけでなく、「図書館はこんな問い合わせにまで応じてくれるのか」と驚くことが少なくない。

たとえば、蒲郡《がまごおり》市立図書館（愛知県）の児童室のカウンターに、六歳の子が「魔法の本ありますか？」と尋ねてきた。図書館員が詳しく話を聞くと、「魔法が使えるようになりたい」とのことで、「難しい本でもがんばって読む」という。

そこで、一緒に魔法や妖精の本を探し、『魔女図鑑　魔女になるための11のレッスン』（マルカム・バード著・岡部史訳・金の星社）など三冊の本をその子に見てもらった。本には、「魔法を使うためには修行が必要」ということが書かれていた。その子は、そのうち二冊を選び、「お母さんと一緒に修行して、できるようになったら見せてあげる」と言って帰った。

この事例の備考欄には、さらにかわいい話も加筆されていた。

「後日、本を返却に来たときに、お家で箒《ほうき》をつくったことと、二秒くらい飛べたと照れくさそうに報告があった」

たとえ、小さな子どもの質問にも、きちんと応《こた》えるのが図書館なのだ。そのレファレンス次第で、人生が変わることだってありえるのだから。

指宿図書館に持ち込まれた古い牛乳瓶

指宿《いぶすき》図書館でももちろん、レファレンスを行っている。一階にある受付カウンターには、利用者の色々な疑問が集まってくる。

ただ、二〇一九年七月に持ち込まれたのは、一本の牛乳瓶だった。持ち込んだ女性は、出勤途中に道路で偶然、古そうなガラスの牛乳瓶を拾った。近くの空き家から雨で流れ出たものだったようだ。女性は、瓶のコレクターだった。

牛乳瓶の泥を落とすと、「村山牧場」「電話二七番」という文字が浮かび上がってきた。指宿のあたりに今、牧場はない。

「どこにあった牧場なんだろう」

不思議に思った女性はまず、ツイッターで問いかけたところ、一九二八（昭和三）年に発行された指宿温泉のパンフレットに、「純良牛乳ナラ　大村産乳所　電話番号二七番」という記載があることがわかった。

そこで、女性はさらに詳しく知りたいと思い、この牛乳瓶を指宿図書館に持ち込み、古い電話帳や地図で「村山牧場」について調べようとした。しかし、残念ながら指宿図書館にはそうした資料の所蔵がなかった。

普通であれば、「資料がないので、わかりませんでした」で終わってしまってもおかしくないのだが、指宿図書館は違った。

女性の疑問をレファレンスとして受け付け、手がかりを知っていそうな九五歳の馬渡《まわたり》写真館の馬渡さんにすぐ電話をした。

すぐに、「村山牧場には足の速い息子さんがいて、陸上の選手で、裸足《はだし》で牛乳配達をしていた」「場所は、山崎製パンの裏手あたり」ということがわかった。

結局、「あの人の方が詳しい」といって紹介に紹介を重ねて六人に聞き取り調査をして、「村山牧場」は第二次世界大戦前、指宿市大牟礼《おおむれ》一丁目あたりにあり、五〇頭ほどの牛がいたことまでつきとめた。しかも、近くには牧場経営者の孫にあたる男性が住んでいた。

その年の九月、ついに牛乳瓶を見つけた女性と孫の男性が出会い、牛乳瓶は男性の手に渡った。男性は台湾生まれで、祖父母たちが経営していた牧場を知らなかったが、「母の実家は指宿の牧場だから、日本に帰ったら牛乳をたくさん飲める」と楽しみにしていたという。

しかし、八歳で日本に帰ってきた男性が牛乳を飲むことはなかった。戦争で息子二人を亡くし、祖父に先立たれた祖母は戦後、牧場をやめてしまっていた。

牛乳は飲めなかったが、家族の思いと歴史が詰まった牛乳瓶は男性のもとへと帰り、現在は花入れとして仏壇に鎮座している。

調査を担当した下吹越《しもひごし》さんは、この時、「ある資料だけで回答するのがレファレンスではない」と思ったという。

「資料がなければ自らが資料を作り出すことも必要だと感じました。どんな疑問も見捨てることなくやれるだけのことに手を尽くすこと。そして、地元とのネットワークをかねてから作っておくことが大切だと感じました。諦めなければ糸口は必ずある」

牛乳瓶のレファレンス事例は二〇二〇年一一月、その年の優れたレファレンスを行った図書館に贈られる「第六回レファレンス大賞」で、審査員会特別賞を受賞した。

「レファレンスの究極は人だと思っています。図書館は町と人をつなぐ場所でもあるんだなとよくわかりました。どんな小さなことでもいいので、自分の『知りたい！』を自分の中だけで収めるんじゃなくて、地元の図書館の人に相談に行って、どんどん知りたいことを知って、これからの自分の生きる糧にしたり、楽しみにしたりしていただけたらと思います」

受賞時の下吹越さんの言葉だ。

その後、孫の男性が記憶を頼りに当時の牧場周辺の地図を描いてくれた。指宿図書館では、そうした資料を集めて、かつて指宿にあった牧場の歴史を伝えている。

指宿にあった海軍航空基地から飛び立った特攻隊

実は、指宿図書館のレファレンス数は三三〇〇件（二〇一九年）となっており、鹿児島県内では、鹿児島県立図書館、鹿児島市立図書館に次ぐ多さになっている。その背景には、牛乳瓶の事例でみたように、ただ問い合わせに答えるだけでなく、地域の文化や歴史を掘り起こし、まちや住民にとっての「お宝」を見つける指宿図書館のレファレンスへの姿勢がある。

そのきっかけとなったのが、あるレファレンスだった。

二〇一〇年四月、指宿図書館に京都在住のIさんが訪ねてきた。Iさんはワゴン車で旅行中で、指宿に滞在していた。

Iさんが海岸沿いにある国民休暇村を通りかかった時、気になる石碑があった。「指宿海軍航空基地哀惜の碑」である。その近くには、米軍から「自殺ボート」と呼ばれた特攻艇「震洋《しんよう》」のスロープ跡も見つけた。

海軍航空基地の展示

国民休暇村はキャンプ場などがあり、多くの人たちが訪れる憩いの場となっている。今ののどかな風景からは信じられないことだが、第二次世界大戦中、ここにあった海軍航空基地から、特攻隊の若者たちが多く飛び立っていった。「下駄ばき」と呼ばれたフロートを装備した水上機に爆弾と片道の燃料だけを積んで四四機八二人が特攻し、命を散らした。

また、基地周辺も激しい空襲にさらされた。Iさんが見つけたのは、そうした歴史の爪痕《つめあと》だった。

「指宿にそんな事実があったのか調べたい」

しかし、その時には「震洋」など、聞き慣れない言葉で質問してきたIさんに図書館側が対応できず、Iさんは京都へ戻っていった。そらまめの会が指定管理者として図書館の運営を始めて間もない頃で、地域資料も十分ではなかった。

二〇一〇年四月、再び指宿を訪ねてくれたIさん。Iさんは事前に、国立国会図書館関西館や、防衛庁、自衛隊などで指宿の航空基地に関する情報を集めていた。

今度は、Iさんと一緒にレファレンスの調査がスタートした。まず、Iさんが国立国会図書館の資料で見つけた写真が、指宿の馬渡写真館の提供だったことから、Iさんと下吹越さんはその写真館を訪ねた。

写真館の馬渡さんは、一九四五年五月五日にあった空襲について、貴重な話を語ってくれた。

「指宿空襲の日、指宿駅前は機関銃を搭載した戦闘機が、人間を、おもちゃを倒すように撃ち殺していった」

「その戦闘機の米兵が笑っているようだった」

「その顔さえ見えるほど、至近距離だった」

「負傷した一般市民が雨戸板に乗せられ、あるいはリアカーで、写真館前の病院に次々と運ばれてきた」

「病院の中に入りきれず、写真館の前の道路に置きっぱなしだった」

目の前で地獄絵図のようなことが起きている中、馬渡さんは打つ手がなかったと話した。写真館には、「明日は特攻で帰らぬ人になるから」と最後の写真を家族のために撮りに来る若い隊員もいたという。

「今なんだよ、ぎりぎり今なんだよ。この八〇代の方たちが亡くなってしまったら、もうこんな話は聞けなくなるんだ。あと一〇年早かったら、もっとたくさんの、本にはない情報が聞き取れたのに……。でも遅くない。これからあなたが聞き取って、この町でかつて何があったのか記録に残すべきだよ」

この時、Iさんに言われた言葉は下吹越さんに重く響いた（『私たち図書館やってます！』）。「地域図書館として何をすべきか、その一つが見えた気がしました」と下吹越さんは話す。

指宿図書館では、その後も海軍航空基地や空襲などについての地域資料を集め、二〇一五年夏には「戦後七〇年の記憶　指宿海軍航空基地の特別企画展」を開催した。指宿図書館の郷土資料室にはその時の展示資料が収蔵されている。その一つが、Iさんが見つけた「指宿海軍航空基地哀惜の碑」の碑文が書かれたパネルだ。

「君は信じてくれるだろうか
この明るい穏やかな田良《たら》浜《はま》が　かつて太平洋戦の末期
本土最南端の航空基地として　琉球弧《りゅうきゅうこ》の米艦隊に対決した日々のことを
拙劣の下駄ばき水上機に　爆弾と片道燃料を積み
見送る人とてない　この海から万感をこめて飛びたち
遂に還《かえ》らなかった若き特攻攻撃隊員が　八十二人にも達したことを
併せて敵機迎撃によって果てた百有余人の基地隊員との鎮魂を祈って
ここに碑を捧《ささ》ぐ」

島尾敏雄の足跡を追う！

また、こんな相談もあった。

二〇二〇年九月から半年、空調機の改修工事のため、休館していた指宿図書館に、一件のレファレンスが持ち込まれた。休館中はレファレンスを受け付けていなかったが、指宿市の職員を伴って現れたため、下吹越さんたちが対応した。

その男性はこんな疑問を下吹越さんたちに尋ねた。

「他の調べ物をしていたら、島尾敏雄が指宿に住んでいたことがわかった。島尾敏雄がかつて旅行で指宿に暫《しばら》く滞在していたことも他の本等からわかっている。その当時住んでいた場所と、湯治に家族で来ていた宿の名前と、作家吉田満《みつる》と対談したホテルの場所を知りたい。図書館にそのことがわかる資料がないだろうか」

「死の棘《とげ》」などで知られる島尾敏雄氏は鹿児島県にゆかりのある作家だ。

もともとは横浜市に生まれた島尾氏は、一九四〇年に九州帝国大学（現在の九州大学）に入学後、繰り上げ卒業して、第二次世界大戦に身を投じていった。特攻に志願し、鹿児島県の奄美《あまみ》群島にある加計呂麻《かけろま》島で待機する中、終戦を迎えた。

その後、島尾氏は妻の実家がある奄美に生活の拠点を置いた。そこで、高校の講師や、鹿児島県の職員などを歴任後、一九五八年に設置された鹿児島県立図書館の分館、奄美分館の館長となった。島尾氏の上司は、あの椋鳩十《むくはとじゅう》こと久保田氏だ。島尾氏は、昼間は図書館の仕事をしながら、夜は作家として執筆活動を続けた。

指宿市には一九七五年に転居し、短い間だったが、一九七七年に神奈川県茅ヶ崎《ちがさき》市に引っ越すまで二年五カ月を暮らした。

指宿市での島尾氏について調べていたのは、元鹿児島県議で地域づくりを行っている宮島孝男さんだった。

指宿図書館ですぐに資料を調べ、書籍も借りて一度は帰った宮島さんだったが、後日、「実際に住んでいた場所に行ってみたい」とまた指宿図書館へ連絡があった。

しかし、さすがの指宿図書館も場所まではわからない。そこで、下吹越さんは当時島尾氏の家族と親交のあった指宿図書館元司書の大吉訓代《おおよしみちよ》さんに連絡した。宮島さんと訪問すると、大吉さんは「殿様湯の今林さんに聞くと良いですよ」と今度は大吉さんが宮島さんと下吹越さんを連れて、殿様湯を訪ねることになった。

「殿様湯」とは、指宿市西方にある「二月田温泉《にがつでん》」のことで、第二七代島津家当主、島津斉興《なりおき》により、一八三一（天保二）年に設けられた。現在も浴槽やタイルが残されており、市の文化財に指定されている。

現在は隣接する形で温泉があり、浴槽には今も島津家の紋が刻まれている。観光客や地元の人々に親しまれている温泉だ。「今林さん」とはその温泉を代々管理しているおうちで、今林家の人たちは快く調査に協力してくれたという。指宿図書館や下吹越さんのことを知っていたのだ。

「あなた、図書館はよく新聞とかテレビとかにも出て頑張っているわよね。見てます」

当時九一歳だったオーナーの女性も、島尾氏が殿様湯の近くに居を構えていたことや、当時の島尾氏一家の様子を丁寧に教えてくれた。

鹿児島近代文学館や大宅壮一文庫も協力

宮島さんから出された次の課題は、もっと難問だった。

「一九五一年七月から八月にかけて、島尾氏が妻で作家のミホさんと長男の伸三さんとともに、指宿の温泉に滞在していたというが、どこか？」

指宿図書館の資料をひっくり返して探しても見つからず、宮島さんが伸三さんに手紙を書いたことをきっかけに、島尾氏の資料を収集している鹿児島近代文学館の学芸員につながっていった。

学芸員に島尾氏の日記などを確認してもらい、やっと「生駒屋《いこまや》旅館」という名前がわかった。今度は、「生駒屋旅館は指宿のどこにあったのか知りたい」と宮島さんは相談してきた。

下吹越さんは尽きない宮島さんの探究心に驚きながら、「最後までとことん付き合おう」と腹を括《くく》った。

一方、指宿図書館では休館によって空いた手を使って、資料整理をしていた。その中に、一九五一年に発行された「指宿町案内図」が含まれていた。偶然にも、この案内図に記されていたのが「生駒屋旅館」だった。住所も指宿市湯の浜あたりだったことがわかった。

それに気づいた下吹越さんは、すぐに宮島さんに電話して伝えた。「すごい！　すごい！」と電話の向こうから宮島さんの喜ぶ声が聞こえた。

「生駒屋旅館」があった地域には、たまたま下吹越さんの友人が暮らしていた。友人の家族は、旅館が実際に建っていた場所をよく覚えていて、案内してくれた。

さながら探偵小説のように、新しい事実が見つかれば、次の謎を探る。そんなレファレンスの調査が続いた。

島尾氏が家族で滞在していた旅館の次は、島尾氏が吉田満氏と対談した場所を探すことになった。

宮島さんは、対談を主催した文藝春秋に尋ねたところ、もう一九七七年のことで、もう半世紀近い年月が経《た》っており、当時を知る社員はいなかった。

宮島さんは、指宿の歴史のある旅館何軒かに問い合わせてみたものの、手がかりはなかった。そこで再度、島尾氏の日記を掘り起こしたところ、現在も続く旅館である「いぶすき秀水園」という名前が浮かび上がってきた。

対談時の写真は文藝春秋に残されていなかったが、ここで救いの手を差し伸べてくれたのが、東京にある雑誌専門図書館「大宅壮一《おおやそういち》文庫」の職員だった。

島尾氏と吉田氏の対談が掲載されている雑誌「文藝春秋」を探し当てた。記事は「特攻体験と私の戦後」というタイトルがつけられており、写真は「いぶすき秀水園」の和室で撮影されていた。ともに特攻隊に属していた作家二人が自らの体験を語る貴重な記録だ。

これで、宮島さんが指宿図書館に問い合わせたレファレンスはすべて終わった。昭和の時代、確かに指宿市で活動し、暮らしていた島尾氏の足跡の詳細がレファレンスによって明らかとなった。

宮島さんはこの調査結果を参考に二〇二一年夏、『島尾敏雄と指宿そして宇宿』（アート印刷）という本を出版し、指宿市立図書館や鹿児島県立図書館、国立国会図書館にも献本した。この本が縁で、二〇二二年夏、指宿文化協会が設立五〇周年記念にと殿様湯近くの駐車場の壁に島尾敏雄居住地跡の看板を立てた。

後日談となるが、二〇二二年六月、下吹越さんがこの記事の複写を「いぶすき秀水園」の社長に見せる機会があった。社長によると、部屋の基本的な場所や構造は変わらないという。「一緒に探しに行こう！」という社長の誘いで、めぼしい部屋を何カ所かめぐり、四一一の部屋と判明した。

下吹越さんが部屋に足を踏み入れると、まさに記事の写真で、二人の背景に映り込んでいた棚がそのままの位置に置いてあった。その後、秀水園の旅館の一角に島尾敏雄コーナーができた。生駒屋旅館跡地にも看板設置を検討中である。これから指宿文学散歩として観光にも活かしていきたいと下吹越さんは思っている。このレファレンスは第七回レファレンス大賞審査会特別賞受賞を受賞し、二年連続表彰となった。

また、レファレンスで判明した、あの殿様湯近くにあった島尾氏の居住地跡に二〇二二年六月、看板が設置された。看板には、島尾氏の随筆の一文が紹介されている。

「今の湯屋のすぐ外がわにはかっての藩主が使用したという雨ざらしの湯槽のあとも残っていて、その裏手には湯の権現と呼ばれる小祠《しょうし》まで鎮座し、西方一四〇八番地は、時として湯けぶりが濃霧のように立ちこめる二反田川《にたんだがわ》の川添いの土手道からだらだらとおりて引きこんだ場所にひっそりと営まれた隠れ里なのであった」

目をつむれば、島尾氏が愛した当時の「隠れ里」の様子が、浮かんでくるようだ。

第六章　サードプレイスとしての図書館

図書館でお化け屋敷

指宿《いぶすき》図書館の現在の建物は、一九八四年に新築されたものだ。それまでは、指宿町警察署の道場だった建物を転用したり、旧市役所の別館に移転したりしていた。

旧市役所にあった図書館は、小学校の近くにあった。指宿図書館の元司書の大吉訓代《おおよしみちよ》さんによると、閉館して新築の図書館へと移るために荷造りの作業をしていた時、子どもたちが窓からのぞいて、「僕たちの本をどうするの」と騒ぎ始めたという（『お変わりありませんか』大吉訓代著・高城書房）。

子どもたちは学校帰りに図書館に立ち寄っては、本を借りたり、遊んだりするのが日課だった。新しい図書館は、駅一つ離れた別の校区に建つ。

子どもたちからすれば、居場所を奪われたようなものだろう。それで、作業している大吉さんたちに、毎日のように「その本をどこへ持っていくの」「おばちゃんにも会えなくなる。どうしたらいいの」といって、邪魔するのだ。大吉さんは、胸がいっぱいになったという。

子どもにとっても、大人にとっても、図書館は大切な居場所だ。そらまめの会が指宿図書館と山川図書館の運営を引き継いでからも、そのことを大切にしてきたことは、さまざまな活動から伝わってくる。

たとえば、二〇一四年から五年にわたり、指宿図書館で実施されていた「図書館ミステリーツアー」。

うめき声などのBGMで怖い本を読む「こわいおはなし会」のあと、図書館を舞台に行われるお化け屋敷だ。市民のボランティアたちが、選りすぐりのお化けの扮装《ふんそう》をして、子どもたちを待ち構える。

布団に入って死体のふりをしたり、ホラー映画「リング」の貞子のまねをしたり。お化けたちはかなり本格的で、泣いたり、途中で帰ってしまう子どももいるほどだが、いつもと違う図書館を楽しもうと、人気のあるイベントだった。

ただ面白いだけでなく、市民とつくりあげるところに、そらまめの会らしさがある。どのようなお化けにするのか、テーマを打ち合わせ、市民の人たちと一緒に準備する。下吹越《しもひごし》さんによると、普段は図書館を利用しないが、年に一度、お化けになるためにこの時だけ手伝う男性もいたという。

そんな指宿市立図書館と市民の関係を考えた時、近年、よくいわれる「サードプレイス」という言葉を思い出す。「サードプレイス」とは、自宅や職場とは異なる「第三の場所」という意味だ。

アメリカの社会学者、レイ・オルデンバーグ氏による著書『サードプレイス』（忠平美幸訳・みすず書房）では、コミュニティの核になる居場所と定義づけている。

街の中にある居酒屋、カフェ、書店、図書館が地域の拠点となり、年代にとらわれることなく、情報を共有したり、意見交換したりする。民主主義社会にとって、重要な場であるという。

また、「サードプレイスの一番大切な機能は、近隣住民を団結させる機能だ」とオルデンバーグ氏は書いている。楽しいサードプレイスに集まることにより、新旧世代が交流し、お互いをケアするようになる。素晴らしいのは、「根本的な動機が、個人の利益にあるわけでも、市民としての義務になるわけでもないということ」だろう。

指宿図書館や山川図書館に集まり、イベントに参加し、人々は交流する。これもまた、サードプレイスとしての役割を図書館が担っていることが伝わる。

図書館では「先生」「部長」と呼ぶのは禁止

指宿市は、二〇一六年度から、サードプレイスをつくる「シビックカフェ事業」を展開させた。これは、市内に五カ所ある拠点施設の事業者と協働し、それぞれの施設に地域づくりに関心のある市民が気軽に集い、交流し、連携を生み出す場となることを目指す事業で、指宿市立図書館も参加した。

指宿図書館の拠点としてのテーマは、「地域を知る、図書館を知る、地域と図書館がつながる」。屋外でも使えるテーブルと椅子、パラソルを購入し、お天気の良い日は外に出して通りすがりの人がお弁当を食べたり、図書館利用者が休憩する場として整のえた。

館内でも、コーヒーメーカーや湯沸かし器を購入し、閉館後に開かれる読書会や、イベントの時に集まってきた人たちにカフェにいるかのように過ごしてもらえるようにした。

「図書館が、ただ本を借りて返す場所、ただ本を読んだり勉強したりする場所だけでなく、もっと多様な過ごし方ができることが大事です」と下吹越さんは考えている。

シビックカフェ事業は五年間で終了したが、その間に指宿市立図書館が行った「指宿哲学カフェ」「指宿読書会」は市民に好評だった。お茶を飲みながら身近なテーマで多様な参加者がフラットに語り合う。

その参加の条件の一つは「普段の関係はここでは忘れて」ということだった。職場での上司・部下の関係、恋人関係、師弟関係の人たちがいるかもしれないが、参加中はその関係を忘れ、「先生」や「部長」といった呼び名も禁止される。まさに、サードプレイスだったのではないだろうか。

他にも、そらまめの会はＪＲ指宿駅の玄関口にある「駅前足湯」に出かけて、「紙芝居『指宿の昔話』上演！」というのぼり旗をたて、観光客相手に鹿児島弁で紙芝居を聞かせた。

自転車の荷台にくくりつけた木枠には、「あったこっか、なかったこっか、しっちょいもさんば（あったことか、なかったことか、わかりませんが）」という語りとともに、指宿とっておきの伝承や昔話の世界が広がる。

「言葉ののんびりとした鹿児島弁を聞きながら、指宿でしか体験できない紙芝居に、おもてなしを受けたようで、旅情を感じました」と、多くの観光客が魅了された。

これは、社会教育課歴史文化課文化財係主宰の「指宿まるごと博物館」という指宿市

指宿駅前の足湯で紙芝居

の歴史や風土などを教育やまちづくりを観光振興に生かすプロジェクトで、指宿市立図書館も地域資料を参考にするなど、紙芝居の制作に協力した。

紙芝居は現在も「指宿まるごと博物館」のサイト（https://www.city.ibusuki.lg.jp/marugoto/）で見ることができる。図書館が観光分野と協働した事例として、地元紙などでも紹介された。

観光との協働は他にも、JR指宿駅との連携事業がある。

「駅ライブラリー」として、指宿駅に図書館コーナーを設置、待ち時間に読める文庫やイベントの情報を置いた。これらの本は、図書館が所蔵していたが、古くなったり重複したりした本で、持ち帰りもＯＫだ。ある時は、下吹越さんたちは観光列車に乗り込み、車内アナウンスで図書館資料を使った観光案内もした。

一方、指宿図書館にも「駅コーナー」が設置された。鉄道に関する書籍が集められたほか、子どもたちが駅長さんに手紙を書いて出せるポストも置かれた。

二〇一五年四月、そらまめの会は指定管理者として三期目に突入した。二期目の時と同じく、他の応募はなかった。三期目も五年間の契約だ。観光、教育、まちづくりと、そらまめの会の活動が図書館を飛び出して広がっていった時期だった。

おはなし会を「出張」する

普通であれば、図書館内で行われる「おはなし会」を、館外のあちこちで行ってきたのも、そらまめの会だ。

下吹越さんいわく、指宿市との仕様書（サービスの内容を明確にした書類）の中に、「出

JR 指宿駅の駅ライブラリー

張おはなし会」の項目はない。つまり、あえてやらなくてもいいのだが、そらまめの会では「出張おはなし会」に力を入れてきた。

行き先は幼稚園、小中学校、高校、大学、高齢者施設や障害者のケアルームなど、多い時は年間三〇～四〇回ほど出向いた。

中でも珍しいのは、高校でのおはなし会だろう。鹿児島県立指宿高校では、進路の決まった三年生を対象に毎年一月ごろ、「向上の道プラン」というプログラムを行っている。

これは、高校生たちが地元指宿について知り、チームで取り組むことを学び、貢献することを経験するためのプログラムで、高校生が近くの小学校や幼稚園で、おはなし会を開いてきた。

もちろん、高校生たちはおはなし会の方法を知らない。そこで、そらまめの会が高校生たちを相手にオリエンテーションを行う。オリエンテーションでは、おはなし会に使用するグッズや、子どもたちに人気のある本の紹介をしたり、紙芝居の演じ方などを

「伝授」する。

オリエンテーション後、一カ月ほどで「本番」を迎える。そらまめの会の仕事は、準備やリハーサル、そして本番のサポートだ。高校生たちは、小さな子たちを前に懸命におはなしの読み聞かせをしたり、紙芝居をしたりする。時には、ダンスなども取り入れて、いかに興味をもって聞いてもらえるか、工夫を凝らす。

高校生活最後のこうした経験は、将来、地域を支える人材の育成にもつながっていくだろう。

また、ほかにも「老人福祉センター」で開かれる「ふれあいデイ」に参加し、おはなし会を開いた。そこは、旧開聞町の地域で、開聞弁と呼ばれる地元の言葉で語り聞かせをすると、「じょっじゃが！（上手だね）」、「また来《き》やいな（またおいでね）」と大受けだったという（『私たち図書館やってます！』）。

「鶴《つる》の恩返し」で知られる「鶴女房」の語り聞かせには、「こまんかとき読んでもろったこっがあるが、なつかしかねえ。なご聞かん話じゃった」と喜んでくれた。「小さい時に読んでもらったことがあるが、なつかしいなあ。長く聞いていない話だった」という意味だ。

おはなし会に参加してくれた高齢者世代は、読書をする間もなく働きづめの人生を歩んできた人たちだった。下吹越さんは、このおはなし会の意義をこう語る。

「この世代の方々の税金があって、指宿市の図書館は建てられたのだと思います。図書館をぜひ利用していただきたいのです。でも、どんな本を読んだらいいのかわからない。図書館に行きたくても、車の運転ができない。でも、老人福祉センターまでならバスが集落まで送迎してくれるから行ける。そういって高齢者の方たちが来てくださいます」

図書館に来たくても来られない人たちがいる。そらまめの会では、そういう人たちにどうやって本を届けたらよいのかが、課題となっていた。

指宿にも移動図書館があった

指宿市にはかつて、「つまべに号」という移動図書館があった。ブックモービル（B

M）と呼ばれる本を載せた自動車で、図書館になかなか足を運べない人たちのもとへ、フットワーク軽く本を届けていた。

戦後、こうした移動図書館が各地で活躍してきた。日本が復興する中で、いち早く移動図書館をスタートさせたのは、高知県立図書館、次いで、鹿児島県立図書館といわれている。鹿児島県立図書館は一九四九年、ジープ型トラックを導入し、「すばる号」と名付けて鹿児島県内を走らせた。

一九八五年、つまべに号も指宿市を走り始める。当時の写真をみると、白い車体にブルーのラインが鮮やかなつまべに号が、たくさんの本を積んで水辺に停《と》まり、子どもたちが群がっている様子がわかる。図書館に気軽に行けない子どもたちが、この光景を見てわくわくしなかったはずはない。

カーリル（検索サービス）によると二〇二二年現在、三四九の移動図書館が稼働しているというが、維持費や燃料費の負担が大きくなったり、少子高齢化で利用自体が減るといった理由から、近年廃止した図書館も少なくない。

指宿市も例に漏れず、二〇〇五年、少子化を理由につまべに号を廃止してしまった。そらまめの会が指定管理者として図書館運営をスタートさせる二年前のことである。

それから数年を経て、下吹越さんたちの懸念は当たった。つまべに号の廃止により、図書館から離れた地区の子どもたちの利用が激減したのだ。

そらまめの会は図書館外でも、おはなし会や紙芝居などの活動を広げていたが、下吹越さんはそこで出会った人たちが、喜んでくれる一方で、紙芝居に参加できない人や、図書館になかなか来ることができない人に対して、歯がゆい思いを感じていた。

「指宿の中心から離れたところで暮らす子どもたちやおじいちゃん、おばあちゃんたちにも、本と出会える『空間』を広げていきたい」

下吹越さんたちはそう思ったという。

入院をきっかけに病室文庫をつくる

また、下吹越さんには別の思いもあった。

今から一〇年以上前のことだ。下吹越さんは旅先で階段から転落し、脊髄圧迫骨折をしてしまった。入院し、完全に寝たきり。食べることも、背中をかくことすら一人ではできない状態が続いた。そんな自分が人間とは思えず、壁の一部になったかのようだった。

当時、下吹越さんは「文芸いぶすき」の校正作業に追われていた。なんとか動く手と口で、仕事をしていたところ、隣のベッドで寝たきりとなっていた高齢女性が、話しかけてきた。

「あんたは何をカシャカシャ音をさせてるのね？」

原稿用紙をめくる音が漏れていたのだ。下吹越さんは、こう説明した。

「文芸いぶすきと言って、指宿市民の方々の書いてくれた作品を確認しているの」

すると、「どんなことが書いてあるのね？」とさらに聞いてきた。下吹越さんが「読もうか？」と言うと「うん、読んでごらん」と応《こた》えたので、声に出して原稿を読み始めた。

その高齢女性は、「いいねぇ、指宿の人がそんなことを思ってるんだね」と泣いたり笑ったりしながら、作品を聞いていたという。数日後、その高齢女性が部屋を移ることになり、寝たきり同士だった二人は初めて顔を合わせた。

その時、高齢女性は涙声でこう言ってくれた。

「あんたが毎日読んでくれたおはなしのおかげで、寝たきりも辛《つら》くなかったよ。ありがとうねぇ。あんたの声はいいねぇ。むかしむかし、おっかさんに話してもろた時のごっあった。また会うがね。がんばんなさいよ」

その後、下吹越さんは回復し、歩けるようになった。歩けるようになると、今度は本を抱えて、あちこちの病室を訪ねて朗読するようになった。病院中で評判になり、コンクリートの樽のようなギブスをを身体に巻いたまま、いろんな部屋に招かれて語った。

入院していた人たちは、下吹越さんの朗読に笑ったり、考えたりしながら、会話が増えていった。寝たきりで死んだような目をしていた高齢者が笑うようになり、下吹越さんが帰ったあとも病室で会話が弾むようになったのだという。下吹越さんは、指宿図書館から団体貸出をして本を持ち込み、ついには病院に「病室文庫」をつくってしまった。するとと、本を持っていって自分の部屋で読む人が続出。看護師さんたちからも「病室が明るくなった」と言われるようになった。図書館の本を持ってきてもらい、お昼ごはんのあとや夕飯のあとに廊下で折り紙教室を開催した。廊下に笑い声が溢《あふ》れ、看護婦さんやドクターが何事かと部屋から首を出した。下吹越さんは友人に見舞いは折り紙がいいとお願いし、来る日も来る日も折り紙教室を続けた。

すると、それまで不自由だった指が動くようになるおばあちゃんが出てきた。動かなかった右足も動くようになった。その噂《うわさ》を聞きつけ、よその脳外科でリハビリ中だった人たちが、リハビリにと折り紙に通うようになった。

退院する前日には、ピアノ伴奏をしてくれる友人を呼んで、ホールでピアノ伴奏付き朗読や絵本の読み聞かせをした。最後にみんなで童謡を合唱した。

下吹越さんが退院する前日、看護師長がこう声をかけてくれたという。

「どんなに薬や医学が進歩しても、人が自ら自分の病を治そうとする気持ちがなければ病気は癒えないのよ。本当は、こういうことが病院にはとても必要なジャンルだと思うのよ。これからも時々来てくれない？」

病院にいる人たちは、自力で図書館には来られない。下吹越さんは話す。

「図書館で待っているのではなく、図書館に来られない人たちにも本のある空間を届けたい。本を媒体にしてそこで生まれるコミュニケーションを楽しんでほしいと思いました」

「指宿にそんな車が走るといいね」

そこで考えたのが、移動図書館復活だった。正確には、「移動式のブックカフェ車両」である。ただ本を運ぶだけでなく、本を読みながらコーヒーを飲める「空間」ごと運んでしまおうという、そらまめの会らしいアイデアだ。

とはいえ、本を積むとなるとかなりの重量になる。どんな車体ならよいのか、改造費はどれくらいかかるのか。まるでわからないことだらけだった。

手始めに、下吹越さんは指宿図書館近くの自動車整備工場に相談に行った。すると七〇代の社長が、こんなことを言ってくれた。

「いいねぇ、下吹越さんのそのアイデアはすごくいいねぇ。そんな指宿になったらいいねぇ。でも、おじさんはもう七〇歳じゃや、あと一〇年早く声をかけてもらったら、寿命を縮めても手伝うんだけどねぇ。もうこの年では自信がなかがよ。ごめんね。でも、鹿児島には他の工場もあるから、そこに聞いてごらん。指宿にそんな車が走るといいね、がんばんなさい‼」

応援の言葉だった。

次に、整備工場の社長が紹介してくれた鹿児島市内のキャンピングカーを作る会社へ行った。相談に乗ってくれたのは、熊本出身の男性だった。

その頃は、二〇一六年四月に熊本地震が発生して間もない時で、話題は震災に及んだ。男性は地震発生直後、自分の車に水や食料を積み込み、八時間かけて家族や友人たちのもとへ走ったことがあった。男性は下吹越さんの相談を聞きながら、こうお願いした。

「下吹越さん、そのブックカフェが走るようになったら、被災地の仮設住宅の子どもたちにお話しに行ってもらっていいですか？」

断る理由はない。もしも本当にブックカフェの車が実現したら、熊本の子どもたちに会いに行こう。下吹越さんは、「はい、必ず！」と約束した。

夢の実現のためクラウドファンディング

しかし、夢を実現するためには費用がかかる。そらまめの会には新たに自動車を購入する予算はない。

そこで、考えついたのが、クラウドファンディングという手法だ。これは、「群衆（crowd）」と「資金調達（funding）」を組み合わせた造語で、あるプロジェクトやプロダクトに対して、広くネットで支援を募るものである。アメリカで注目された手法で、国内にも複数の専門サイトがある。

そらまめの会はまず一年間、クラウドファンディングの仕組みについて学んだ。そうして二〇一七年四月、「READYFOR」というクラウドファンディングのサイトで、「指宿から全国へ！　本のある空間を届けるブックカフェプロジェクト」を立ち上げ、支援を募り始めた。

クラウドファンディングでは、支援した人たちに「リターン」と呼ばれるさまざまな特典が用意されているのが通常だ。そらまめの会では、二〇〇万円の支援に対するリターンとして「走るブックカフェの命名権」、五万円の支援に対するリターンとして「走るブックカフェ一日店長の権利」などを用意した。

目標額は、七五〇万円。クラウドファンディングの仕組みとして、設定した期限までに七五〇万円に到達しなければ、プロジェクトは不成立となる。つまり、七四九万円が集まっていたとしても、達成していなければ支援は返金されてしまうのだ。

車両購入費・改修費に四〇〇万円、書籍代・その他に三五〇万円という内訳で、目標額は七五〇万円となったが、そらまめの会にとってはかなりの冒険だったに違いない。

ＳＮＳに定期的に投稿し、積極的に支援を呼びかけた。その甲斐《かい》あって、スタートダッシュは順調で支援は増え、三〇〇万円まで到達した。

ところが、その後がなかなか伸びない。そらまめの会のメンバーが友人や知人のネットワークを駆使するにも限界があった。

第七章　走れ！　ブックカフェ号

「これでバス買って」と差し出された千円札

クラウドファンディングの支援がなかなか集まらない。

「ここからどうしたらいいのか？」とそらまめの会が悩んでいた時に手を差し伸べてくれたのが、地元の会計事務所だった。

そらまめの会が指定管理者になった初年度、バランスシートの読み方もわからなかった時に教えてくれた、あの会計事務所だ。専務はプロジェクトについて、とても喜んでくれていた。

「これからの社会は女性も理念があり、世の中を賛同させられれば社会を変えていくことができる時代であり、指宿《いぶすき》にもそんな人たちが現れたことが嬉しい‼　応援しますよ！」

専務は偶然にも、日本初の全寮制インターナショナル高校「ＩＳＡＫ」を軽井沢に創設した小林りんさんについて書かれた本『茶色のシマウマ、世界を変える』（石川拓治著・ダイヤモンド社）を読んだばかりだった。

そらまめの会のメンバーは全員女性だ。社会を変えるためにプロジェクトを立ち上げ、そこに邁進《まいしん》する姿に共感してくれていた。

専務は下吹越《しもひごし》さんを連れて、漁業協同組合や畜産組合、地域の総合病院などを巡った。このプロジェクトがどれだけ指宿の未来にとって価値のあるものか。専務は熱心に語り、訪ねていった企業の上役たちを説得し、寄付を集めてくれた。下吹越さんは横でうんうんと頷《うなず》くだけだった。

さらに、会計事務所は設立五〇周年の予算二〇〇万円を寄付してくれた。当初は、講演会を開いたり、記念品を製作したりすることを予定していたそうだが、「自分たち企業がここまでやってくれたのは地域の皆様のおかげです。私たちは本を選び、乗せて子どもの所へ行って本を読み、本を届けることはできないけれど、あなた方に託すことで、指宿の子ども達の学びを支援することになります。これが正しいお金の使い道だと思うのです」といって、思い切ってくれた。

ここから、流れが変わっていった。

会計事務所の所長や専務の応援を得て、目標額の七割に迫ろうとした時、それまで図書館に関心のなかった人たちからも、寄付が寄せられるようになっていった。

指宿市はその温暖な気候から、「アロハのまち　指宿」を掲げており、毎年、まちを挙げて「フラフェスタ」というイベントが開かれる。そらまめの会も二〇一七年六月のフラフェスタに参加し、紙芝居を実演したり、クラウドファンディングへ募金を呼びかけた。

これに、まちの人たちも応《こた》えた。指宿にある老舗《しにせ》「さつま揚げの小田口屋」の社長は、その日、イベントで売れたさつま揚げの売上をすべて寄付してくれた。屋台は「今回の売上はそらまめの会様がご提案する　指宿から全国へ！　本のある空間を届けるブックカフェプロジェクトに全額寄付させていただきます‼」というポスターが掲げられた。

いつも図書館を使っている小学四年生の男の子は、自分で育てた野菜をバザーで売り、そのお金を、「ブックカフェに使ってください」と言って、持ってきた。

図書館にも、「これをブックカフェの足しにしなさい」といって握りしめた現金を渡しにきてくれた男性がいた。男性は一度は帰ったが、すぐに引き返してきた。「あそこの会社に話したら、協力してくれるというから、今すぐ気が変わらないうちに行きなさい！」と言ってきた。男性が紹介してくれた会社に行くと、「いい活動だね、がんばりなさい」とクラウドファンディングへの支援を約束してくれた。

また、ある日は八〇歳ぐらいの高齢女性がカウンターを訪ねてきた。「これでバスを買って」と言いながら、クシャクシャになった千円札を渡してくれた。

市役所の若手職員は、「お金がないから、ブックカフェの缶バッジつくります！」といって、仕事帰りに図書館で缶バッジをガチャンガチャンと作り、売ったお金を寄付した。

地域の人たちに支えられ、スタートからたった二カ月、二〇一七年六月に目標額の七五〇万円に到達した。前代未聞の快挙に、そらまめの会だけでなく、指宿の人たちが喜びに沸いた。

史上最高額、一〇〇〇万円を達成！

下吹越さんは、READYFORのプロジェクトのページで、千葉県立図書館が一九四九年にスタートさせた移動図書館「ひかり号」について触れたことがある。ひかり号は、終戦直後に占領軍から払い下げられたトラックを改造してつくられ、移動図書館のブームを牽引《けんいん》したことで知られる。

当時の千葉県立図書館の職員は、館長からこんなことを言われたという。

「君、新しい図書館の仕事を手伝ってくれないか？　千葉市に県立図書館はあるけれど君たちが利用するためには千葉市までわざわざ出かけて来なければならない。同じ税金をはらっているのに、誠に不都合だ。千葉県のどんなに辺鄙《へんぴ》なところに住んでいても、千葉市民と同じように図書が利用できるよう、自動車で運んで行く計画だ。これを文化の水平運動とゆうのだよ。どうだね、移動図書館の運転に君の免許証が役に立たないかね？」（『文化の朝は移動図書館ひかりから』日本図書館研究会オーラルヒストリー研究グループ編集）

また、下吹越さんは『文化の朝は移動図書館ひかりから』の著者の言葉も紹介した。

「移動図書館の役割は、固定館がある程度建設されたのち、それでも残る空白地域のサービスに並んで、社会的、環境的に不利益を被っていて、図書館利用から疎外されている人々のところへ出かけて行く活動（アウトリーチサービス）することにあるのではないか。不利益を被っていて図書館利用から疎外されている人々のところに出向く活動は、誰にでも図書館利用の機会を保障するという公共図書館の根本の在り方につながっており、移動図書館がアウトリーチ・サービスに取り組むことは、非常に重要である。（中略）第三の場、サードプレイスとしての存在である」

下吹越さんは「私は今一度、このまちに移動図書館車を走らせようとしている。それは空白の一二年間に指宿で育った子どもたちに対する猛省からである」という。

そらまめの会は、NPO法人であり民間だが、「文化の水平運動」を担えないだろうかという決意に近い自問自答だった。

クラウドファンディングを始めてまもない頃、下吹越さんたちは自家用車にブックトラック（移動式本棚）を積んで、図書館から遠い地域の保育園を訪れた。

車からブックトラックを下ろして、押しながら園庭に入ると、子どもたちがあっという間に近づいてきて、ブックトラックを囲んだ。ブルーシートを次々と広げて、子どもたちは好きな絵本を選んで眺めたり、保育士に読んでもらったりした。帰り際、保育士や子どもたちが、口々に言うのだ。

「必ずブックカフェで、ここに帰ってきてくださいね」

そんな思いを背負ったプロジェクトだった。

目標額の七五〇万円を達成した時点で、まだクラウドファンディングの募集期間が一カ月残っていた。そらまめの会は、一三〇〇万円という次の目標額を設定し、さらなる支援を呼びかけた。支援が多ければより多くの書籍購入費や維持費にあてることができるからだ。

そして半月後、見事一〇〇〇万円を達成した。これは当時、図書館活動に関連した国内のクラウドファンディングとしては最高額を記録した。メディアが次々にこの快挙を報じた。

その後も寄付は増え、最終的に四八七の団体や支援者から一一七八万五〇〇〇円が集まった。クラウドファンディングは、海外からでも寄付ができる。しかし、そらまめの会のこのプロジェクトに寄せられた支援は、その多くが地元の指宿の人たちによるものだった。

そらまめの会が指定管理者となってから一〇年。右も左もわからないまま懸命に図書館を運営し、地元の人たちと向き合ってきた結果が、このクラウドファンディングの成功を支えたのだろう。

命名「そらまMEN」

クラウドファンディングの終了二日後の二〇一七年七月二〇日、READYFOR上で、下吹越さんは支援してくれた人たちに向けて、こんなメッセージを発信している。

「初め、私たちの小さな夢にこんな大きな支援を賜ることができるなんて誰が思ったでしょう。でも、夢を叶《かな》えたいと切に願うとき、心からの言葉を丁寧に伝え、目を見て話すなかでこの支援の輪は水に広がる波紋のように広がりをみせました。このことがネット上の支援の可能性をこれからの若者に伝えられたのではないかと思っています。

そらまめの会にとって初のファンドレイジング、図書館をテーマとしたクラウドファンディングで初の支援金一〇〇〇万超え、プロジェクトサイトにあるFacebookの『いいね！』一万回という記録は、きっとこれからのNPOやまちづくり、図書館関連のファンドレイジングの希望になるのではないかと思っています。私たちは今、精一杯やり終えた安堵《あんど》感とこれからの具現化に向けて胸がいっぱいです。これからその一つひとつを形にしていきます。これからも引き続き、そらまめの会を御見守りください。私たちに今、見えているのは、子どもたちに続く一本の道です。その道に沢山の本を積んで、あの山、この谷、この小道を通り、本を待つ人々へ本を届けます」

いよいよ、「走るブックカフェ」の実現が近づいてきた。

クラウドファンディングから数日後、さっそく打ち合わせが始まった。最初に決めるのは車種だ。本の重量がかかるため、丈夫な大型車が理想的だが、そらまめの会のメンバーが普通免許で運転できる車種でなければならない。検討すべきことは山ほどあった。

七月末には、クラウドファンディングでネーミングライツ権を入手していた会計事務所の所長が、ブックカフェを名付けた。その名も、「そらまMEN」だ。

「そらまめ、と思ったんだけど、そのままつけてもおもしろくないから少しひねったんだよ。また、そらまめの会には男性がいないから、ブックカフェ号が、あなたたちを守ってくれたり、包み込んでくれるようにとの思いを込めてね」

そらまめの会のメンバーを気遣うがゆえの名付けだった。

ブックカフェ号

「いい場所を作ってくれてありがとう」

その後、中古のワンボックスカーを購入して改造に入った。車体はのちに色を塗るために、グレーのコーティングを研磨して剝がした。それから約四〇人のボランティアの人たちが集まり、車体を塗っていく。車内には、本棚やコーヒーが淹《い》れられるカフェのカウンターを設置。ブックカフェ号そらまMENは形になりつつあった。

そうして二〇一八年四月、指宿市の池田湖畔で初披露されたブックカフェ号に、駆けつけた三〇〇人の人たちは歓声を上げた。それまで、そらまめの会はメディアにも度々登場していたので、「テレビで見たよ!」「新聞で見たよ!」とたくさんの人たちが声をかけてくれた。

登場したブックカフェ号は、かわいらしく仕上がっていた。ころんとしたフォルムに、青色、黄色、赤色の三色の鮮やかなカラーリング。青色は指宿の空と海、黄色は菜の花、赤色はハイビスカスにそれぞれ由来している。子どもたちに聞いた「指宿の色」から選ばれ、デザインも子どもたちから募ったものがベースになった。

本棚には、そらまめの会が選んだ本だけでなく、クラウドファンディングでのリターンとして支援した人が選書した本など五〇〇冊が並んだ。

〈私も当時、一万円を支援して「あなたの好きな本を置ける権利」をリターンでいただいたことがある。もしも、『その島のひとたちは、ひとの話をきかない』〈森川すいめい著・青土社〉があったら、ぜひ手にとっていただきたい。〉

車体に描かれたロゴマークは、デザイナーの馬頭亮太《りょうた》さんによるもの。筆記体小文字の「b」をモチーフにうさぎの横顔にみえるデザインになっている。

なぜうさぎかといえば、子どもたちが大好きな絵本には、うさぎが多く登場するから。「うさぎとかめ」「不思議の国のアリス」「ピーターラビット」など、絵本の世界で親しんだうさぎが、色々な場所に繰り出して、本を届けてくれるイメージなのだという。

背面を開くと、コーヒーも提供できるカウンターがしつらえてあり、テーブルとイスを出せば、あっという間にその名の通り、「ブックカフェ」の空間になる。描いていた夢が、現実になった日だった。

ブックカフェ号は本格的に走り始めた。指宿市内のイベントやコンサート会場、指宿駅前の足湯に訪れると、すぐに大人も子どもも寄ってきて、本を読み始める。そんな活動の様子が、市民にも伝わっていった。

二〇一八年九月、指宿駅前でブックカフェ号が「開館」していたときのことだ。

詩集を読んでいた高齢の男性が、下吹越さんに声をかけてきた。

「あなたは、すごいね、このブックカフェを形にして。みんなあれやこれやしたいことはあっても動かない。みんな声には出さないけど、あなたのやってきたことをすごいと思っているよ」

男性はさらにこう続けた。

「僕は昭和二〇年代から三〇年代にかけてこのまちに住んでいて、その後このまちを離れ、七〇歳になった時に帰ってきて、一五年経《た》つ。沢山の人を見送ってきて僕だけが生きている。一人暮らしになると三日くらい誰とも話さないこともある。たまに友達から

ブックカフェ号のロゴマーク

行った先で紙芝居

電話が来て話そうとすると、声帯が落ちて声を出そうとしてもなかなか声が出なかったりするんだ。人は話さないと声が出なくなるんだ。だから、海沿いを散歩して歩きながら、アイウエオと声を出してみたりするんだ。ここに来ると観光客と話したり地元の人と話したりできて、いいんだよ。話しやすい場だからね。いい場所を作ってくれてありがとう。ここだと詩集とかいいね。気楽に読めるから。また、来るよ。あなたに感謝してるよ」

ブックカフェ号をつくって良かった。下吹越さんの心に男性の言葉が響いた。

熊本地震や台風二一号の被災地へ

二〇一八年秋、ブックカフェ号が始動してから半年。ついに旅に出ることになった。

毎年秋、横浜市で図書館界における最大規模のイベント、図書館総合展が開催される。ブックカフェ号は、この図書館総合展に招待され、指宿から陸路で横浜まで目指すことになった。

せっかく関東まで行くのであればと、熊本地震の被災地に立ち寄ることにした。ブックカフェ号の構想を始めた時、相談に乗ってくれた熊本出身の整備工場の男性との約束を守るためだ。

訪れたのは、熊本地震で最大級の被害が出た益城町《ましきまち》で、当時は町内に一八カ所に約一五五〇戸の仮設団地があった。その中でも、県内最大の仮設団地が「益城町テクノ仮設団地」で、約五一〇戸の仮設住宅に約一三〇〇人が入居していた。

その規模の大きさに、いまだ震災は続いていることを下吹越さんは実感したという。テクノ仮設団地でも、ブックカフェ号は人気だった。お年寄りは、ブックカフェ号が運んできたドラゴンフルーツや芋納豆など、指宿の名産品を喜んで買ってくれた。鹿児島弁の紙芝居にも耳を傾けてくれた。

また、二〇一八年九月に上陸した台風二一号で被害が出た大阪府高槻市《たかつきし》にも立ち寄った。その時に訪れた樫田《かしだ》地区は山間部で、土砂崩れや倒木など深刻な被害があった地域だった。

この地域は市街地にある高槻市立図書館からはほど遠く、移動図書館が巡回していたが、高槻市は二〇一七年に廃止していた。

ブックカフェ号を見た樫田小学校の六年生の女の子は、地元のミニコミ紙にこんな文章を寄せた。

「私は移動図書館を復活させたいです。その理由は、本が好きだからです」

女の子は、移動図書館に置ける本を選べる放送図書委員になったが、移動図書館が廃止されてしまった。そのため、六年になってからは委員長になり、移動図書館の復活を目指しているのだという。

そうした時に、ブックカフェ号が樫田小学校を訪れた。女の子は何をしたかと思えば、なんと本を読むよりも、周囲の同級生や下級生たちの様子を観察していた。「移動図書館を復活させた時のみんなの反応を確かめるため」だった。

その結果、彼らが新しい本に出会い、楽しそうに笑っている姿が見られた。女の子はますます思いを強くして、全校スピーチで移動図書館を復活させたいと話した。

教師たちは「その話は大きすぎるから無理だと思う」と言ったそうだが、女の子は「あきらめたくありません」という揺るぎない言葉でその文章をしめくくっていた。

指宿市も移動図書館を廃止したが、そらまめの会がブックカフェ号をつくり、走らせた。その背中を、遠く離れた地域の女の子が追おうとしている。

図書館界の名だたる賞を受賞

そらまめの会と指宿市立図書館の活動は徐々に全国で知られるようになり、その評価も高まっていった。

二〇一八年一二月に出された文科省中央教育審議会の答申「人口減少時代の新しい地域づくりに向けた社会教育の振興方策について」の中で、そらまめの会は次のように紹介された。

「近年、官民を問わず多様な資金調達手法の活用に注目が集まっている。中でも、インターネットを介して不特定多数の人々から資金調達する「クラウドファンディング」は、政府や大学等においても、活用の事例が広がってきている。クラウドファンディングは、参加者がその事業に注目するのみならず、参加意識を持って持続的に関わるきっかけとなる可能性があり有効な手法と考えられる。実際に、社会教育においてクラウドファンディングを活用し、成果を得た事例もあり、こういった資金調達手法の活用は、地域における社会教育の取組の可能性を広げ、持続可能なものとしていく観点から重要であると言える」

また、二〇一五年以降で見ても、毎年のように表彰を受けている。

・二〇一五年、子どもの読書活動推進優良図書館（指宿図書館／鹿児島県教育委員会）
・二〇一七年、社会教育優良団体表彰（そらまめの会／指宿市教育委員会）
・二〇一七年、READYFOR賞（そらまめの会／READYFOR）

・二〇一七年、社会ボランティア賞（そらまめの会／国際ソロプチミスト鹿児島）
・二〇一八年、子供の読書活動優秀実践図書館文部科学大臣表彰（指宿図書館／文部科学省）
・二〇一九年、地域社会貢献賞（そらまめの会／鹿児島県知事表彰）
・二〇二〇年、第六回図書館レファレンス大賞 審査委員会特別賞（指宿図書館／図書館総合展運営委員会）
・二〇二一年、子どもの読書活動推進優良図書館（山川図書館／鹿児島県教育委員会）
・二〇二一年、第七回図書館レファレンス大賞 審査委員会特別賞（指宿図書館／図書館総合展運営委員会
・二〇二一年、Library of the Year 2021大賞（指宿図書館・山川図書館・そらまめの会／知的資源イニシアティブ）

図書館界の有名な賞をほとんど受賞しているといってもよい。しかし、今まで述べて

きた多岐にわたる活動は、そらまめの会のメンバーである、たった一二人（二〇二二年度）で成し遂げたものだと言われたら、さらに驚くだろう。

職員一二人のうち、司書資格を持つのは一〇人。この一〇人のうち二人は、日本図書館協会が、実務経験や実践的知識・技能を継続的に修得した者を評価する「認定司書」だ。なお、認定司書は鹿児島県内に三人しかいない（二〇二二年度時点）。さらに、ビジネスライブラリアンが三名。文科省の信任図書館長研修受講者が二名いる。そらまめの会の活動は、メンバーの司書としての専門性に裏打ちされている。

指定管理者制度を今一度見直す

二〇二〇年四月、そらまめの会は四期目に入った。二〇二二年には一六年目を迎えた。公共図書館の指定管理者として活動するＮＰＯ法人として、その実績は全国でもトップクラスだ。

しかし、そんなそらまめの会でも課題はある。内情を言えば厳しく、決して十分な人件費とは言えない中で運営されている。

指宿市議会の二〇一九年六月定例会でも、そらまめの会の人件費については取り沙汰された。

ある市議会議員が、「指定管理者になって職員数は増えているのに、人件費が年に一八〇〇万円節約になっているというが、職員の賃金が劣悪なものになっていないか」と質問。これに対して市当局は、「指定管理者の賃金が公務員の賃金と同様でなければならないということではない」と答弁している（「いぶすき市議会だより　第61号」二〇一九年九月二日発行）。

これ以外にも、「自治体直営の図書館であれば、館長が議会で答弁することもできるが、指定管理者は館長といえども答弁権がない」「指定管理者の館長は、課長会議などに出席できない」など、指定管理者ゆえの限界もある。

しかし、たとえば、そらまめの会のような長期にわたって実績を積んできた指定管理者に、直営図書館の職員同様の待遇や立場があっても良いのではないか。二〇〇三年に指定管理者制度が施行されてから、すでに二〇年が経つ。

私たちはそらまめの会の活動にかんがみ、今一度制度の見直しを図る時期にさしかかっている。

そらまめの会を称賛する声は多い。指定管理者制度導入の成功例とも言われる。しかし、安易に真似しようとすると、外側だけ似せた全く異なる図書館ができあがるだろう。読み聞かせをする、季節ごとにイベントを開く、クラウドファンディングにチャレンジする。確かに、そらまめの会が行ってきたことだが、それらはプロセスに過ぎず、目的ではない。

下吹越さんは、これまでの歩みを振り返り、「指定管理者制度の現状と課題」（東京自治研究センター）にこう書いている。

「指宿図書館の閉架書庫には、戦後、一九四九（昭和二四）年に設置された時代の本が今でも残されている。その本の一冊一冊を見るたびに、戦後の混沌《こんとん》とした時代でも、『指宿市に図書館を』、『知の拠点』を築こうとした司書の、図書館職員の息吹を感じる。

よい図書館だったのだと思う。そんなすばらしい図書館を託された重みを感じながら、私たちは日々、この図書館を大切に育て次の世代に託せるように努めている。

図書館は子育てと同じ。愛され、手をかけられて伸びる施設である。

図書館が『知の拠点』としてのまちの文化を作っていける。市民の憩いの場としての図書館、居場所としての図書館、まちとコラボする図書館、図書館があることで市民の暮らしが楽しくなり役に立つ図書館、そんな図書館をこれからも官民一体となり作っていけたらと願っている。

出来る事からひとつずつ」

では、そらまめの会はどこを目指しているのか。民間組織でありながら、地域の公共図書館を運営する重責を負う覚悟を、そらまめの会のメンバーは持っているのではないだろうか。

いま、公共図書館を取り巻く環境は決して良好とは言えない。利用者のニーズは多様化しているのにもかかわらず、資料の購入費や人件費は減らされる。非正規雇用の職員は増え、あまりの低賃金に図書館で働くことを諦める若い世代もいる。

この先、図書館はどうなっていくのか。不透明な先行きに、漠然とした不安を覚える図書館関係者も少なくないだろう。

そうした中、そらまめの会は、公共図書館がこれから歩む道が暗闇に覆われた時、行き先を照らす灯火《ともしび》になるかもしれないと思うのだ。

エピローグ

地域づくりに興味がある鹿児島県立指宿《いぶすき》高校の三年生、水流《つる》春花《はるか》さんは、とにかく忙しい。

高校では勉強や卓球部の活動をこなし、放課後や土日は地元の商店街のまちおこしや、地域のボランティア活動をしている。

「もう予定がたくさんありすぎて、スマホのスケジュールが全部、帯になってます」と笑う。取材のために待ち合わせた山川図書館にも、バタバタとせわしなく走って来たほどだ。

そんな春花さんは、幼いころから「やまとしょ」の常連だった。本を読むのが好きという母に連れられて来たのが最初で、小学生になったら同い年の従姉妹《いとこ》と一緒に通った。山川図書館への坂道を駆け上ると、喉が渇いたことを、春花さんは今でもよく覚えている。

「本当に急な坂で、天気の良い日はほとんど来てた。やまとしょに着いたら、麦茶ください って言ってました」

しかし、肝心の図書館で何をしたのかはあまり記憶にない。

「何がそんなに楽しかったのか覚えてないけど、楽しかったんだろうな。でも、何してたんだろう?」

そう首を傾げると、山川図書館の館長で、春花さんをずっと見守ってきた久川文乃《ひさかわあやの》さんが、「本読んだり、イベントに参加したりしてたよ」と合いの手を入れる。

図書館まで自宅からのんびり歩いて三〇分間。その道すがら、従姉妹と二人で空想の世界を作って遊んだという。

「トムとジェリーみたいな猫とネズミのキャラクターを考えて、従姉妹は猫、私はネズミで、それぞれ家族や友達がいて……。何がそんなに楽しかったんだろう?」

山川図書館の畑では、サツマイモやカボチャを育てたこともある。中学になっても、

「やまとしょ通い」は続いた。事務所のカウンター越しに、久川さんたちに「今日あったこと」を報告した。

漫画コーナーでよく漫画も読んだ。高橋留美子さんや手《て》塚治虫《づかおさむ》さんの作品に没頭した。必ずしも、何か目的があって通ったわけではない。

「図書館にくれば、誰かは絶対にいる。友達もいるし、あやのちゃんや、えりちゃんもいるから」

あやのちゃんとは久川さん、えりちゃんとは副館長の徳留絵里《とくどめえり》さんのことだ。

春花さんは宿題や調べ物をするときは、図書館の本を使ってきた。「ネットは信用ならないから」ときっぱり言う。

今、興味があるのは地元商店街の活性化だ。クラウドファンディングにも関心を持っている。なぜ、興味を持つようになったのだろうか。

「気づいたら、そういう活動をするのが好きだったから。何がそんな私をつくったかと考えたら、やまとしょのせいだと思う。そらまめの会の活動を間近で見て育ったから」

そう言いながら春花さんはまた笑った。今、あまりに忙しすぎて、図書館になかなか来られないのが悩みだ。

指宿市の図書館では、春花さんのような若い世代が、未来の夢を育《はぐく》んでいる。

ここで、小さなまちの図書館の物語は一度、幕を閉じる。本の中では書ききれなかった、大勢の指宿の人たちが、図書館で人生が変わったり、図書館を支えたり、図書館とともに生きている。

あなたの暮らすまちの図書館は、どんな図書館だろうか。この本を読み終えたら、一度訪ねて行ってほしい。

もしかしたら、あなたの人生が変わるかもしれないし、あなたが図書館で奇跡を起こすかもしれない。かつてのそらまめの会のメンバーがそうだったように。